C. H. Spurgeon

Heilig dem Herrn

clv
Christliche
Literatur-Verbreitung e.V.
Postfach 11 01 35 · 33661 Bielefeld

1. Auflage 1987 (Taschenbuch)
2. Auflage 1998 (Hardcover)

by CLV · Christliche Literatur-Verbreitung
Postfach 11 01 35 · 33661 Bielefeld
bearbeitet von Wolfgang Bühne
Umschlag und Satz: CLV
Druck und Bindung: Graphische Großbetriebe Pössneck

ISBN 3-89397-387-7

Inhaltsverzeichnis

Vorwort

Der bekannte Erweckungsprediger C. H. Spurgeon (1834–1892) hat uns eine Fülle origineller und kraftvoller Predigten hinterlassen.

Nachdem er als knapp sechzehnjähriger Junge seine Bekehrung erlebte, predigte er etwa 40 Jahre lang mit großer Freude und Vollmacht das Wort Gottes einer stets wachsenden Zuhörerschaft.

Waren es zuerst die Kinder seiner Sonntagschule, so zählten bald die Bauern aus den umliegenden Dörfern zu seinen Zuhörern, die mit ihren Frauen diesem feurigen und schlagfertigen »Boypreacher« erstaunt und ergriffen an den Lippen hingen.

Wenige Monate später war der junge Spurgeon bereits Prediger der Baptisten-Kapelle in Waterbeach, die sich bald mit über 400 Besuchern füllte. Mit zwanzig Jahren trat er dann seinen Dienst in der New-Park-Street-Gemeinde in London an, die darauf einen derartigen Zulauf bekam, dass man die größten Hallen Londons mieten musste, bis endlich 1861 das »Metropolitan Tabernakel« eingeweiht wurde, das etwa 8000 Besuchern Platz bot und bis zum Lebensende seine Kanzel blieb.

Wir können sehr dankbar sein, dass bereits 1855 die Predigten Spurgeons wöchentlich gedruckt wurden, sodass fast alle Predigten aus den vier Jahrzehnten seines gesegneten Dienstes erhalten geblieben sind.

Aus der Fülle dieser Predigten wurden für das vorliegende Buch einige ausgewählt, die vor allem das Thema »Heiligung« behandeln und mir für die heutige Zeit besonders wichtig und aktuell erscheinen. Unter ihnen ist die wohl berühmteste Predigt Spurgeons über das Thema »Taufwiedergeburt«, mit welcher er der Kirche von England den Fehdehandschuh hinwarf und für eine Sensation und Auseinandersetzung von beispielloser Heftigkeit sorgte. Doch Spurgeon wusste sich von seinem Herrn beauftragt und man staunt, mit welchem Verantwortungsbewusstsein der gerade dreißigjährige Prediger diese Botschaft einleitet:

»Wenn ich dadurch, dass ich ausspreche, was ich als die Wahrheit glaube, die Freundschaft etlicher verlieren und die Feindschaft bei anderen erregen sollte, so kann ich dem nicht abhelfen. Die Last des Herrn ist auf mir und ich muss meine Seele frei machen. Ich habe lange genug damit zurückgehalten, aber das überwältigende Gefühl von meiner heiligen Pflicht zwingt mich jetzt dazu. Da ich bald vor den Schranken meines Meisters erscheinen muss, will ich heute auf jede Gefahr hin mein Zeugnis für die Wahrheit ablegen. Wenn es sein muss, will ich mich damit zufrieden geben, als böse verworfen zu werden, aber ich kann und darf nicht schweigen.«

Spurgeons segensreicher Einfluss ist sicher zum großen Teil in seiner Gottesfurcht und Aufrichtigkeit begründet, die auch seinen Gegnern Respekt abnötigte. Seine Predigten waren ungekünstelt, direkt und unmissverständlich, sodass sie von Menschen aller Bildungsschichten verstanden wurden.

Dass sein Anliegen über 100 Jahre nach seinem Tod nichts an Aktualität eingebüßt hat, macht folgende Bemerkung deutlich:

»Wir bedürfen wieder eines Luthers, der den Menschen in nicht misszuverstehenden und bekannten Ausdrücken die Wahrheit sagt. In letzter Zeit hat sich Samt um den Mund vieler Prediger gelegt; aber wir müssen die weiche Kleidung ablegen und es muss die Wahrheit und nichts als die Wahrheit gesprochen werden.«

Möge Gott die Botschaften dieses Mannes benutzen, um das Volk Gottes in dieser letzten Zeit aus aller Kompromissbereitschaft, Lauheit und Weltförmigkeit wachzurütteln und zum entschiedenen Glaubensgehorsam zu erwecken.

Wolfgang Bühne

Auf welcher Seite stehst du?

»Da trat Mose in das Tor des Lagers und rief: Her zu mir, wer für den Herrn ist!«

2. Mose 32,26

Bevor ich auf diese sehr persönliche und praktische Frage eingehe, bitte ich euch daran zu denken, wer der Mann war, der sie stellte. Es war Mose, der diese Frage stellte und er richtete sie an Israel, als die Sünde im Lager üppig wucherte. Es ist gut, daran zu denken, dass er dort als einzelner Mann stand, der einzige Streiter Gottes, und das ganze Volk vor die Entscheidung stellte, sich für oder gegen Gott zu entscheiden. Sein eigener Bruder hatte ihn verlassen und das goldene Kalb gemacht. Von den siebenzig Ältesten, die ihm zur Seite stehen sollten, war keiner bei ihm. Mit Ausnahme von Josua stand er allein inmitten der Menge, gerade als sie von ihren lüsternen Vergnügungen und dem fanatischen Götzendienst berauscht waren. Er war der Aufgabe gewachsen. Ohne irgendwie an seine eigene Sicherheit zu denken, unerschrocken, tapfer und kühn, wirft er ihren Götzen nieder, lässt ihn zu Pulver zermalmen und in das Wasser schütten, welches das Volk trinken soll.

Ihr bewundert seinen Mut, ihr staunt über seine außerordentliche Autorität und fragt nach dem Geheimnis solcher Vollmacht. Mose muss eine gebietende, königliche Würde gehabt haben, weit höher als die, welche Geburt oder Amt verleihen. Wisst ihr nicht, woher diese Majestät kam? Er war vierzig Tage lang allein mit Gott gewesen. Himmlische Gemeinschaft macht einen Menschen stark. Er war in dem Verborgenen des Allerhöchsten gewesen: er hatte mit Gott von Angesicht zu Angesicht geredet, wie ein Mann mit seinem Freund redet, und es war nicht wahrscheinlich, dass er das Antlitz der Menschen fürchtete, nachdem er das Antlitz Gottes gesehen hatte. Er war mit dem Erhabenen vertraut, und als er hinabstieg zu der unendlichen Kleinheit der Menschen, die es gewagt hatten, die Herrlichkeit Gottes mit dem Bild eines Ochsen zu vergleichen, der Gras frisst, da hatte er eine göttliche Würde, vor der alle zitterten und sich furchtsam wegschlichen.

Mose war auch ein Mann des Gebets. Er hatte die Hand des Allmächtigen droben auf der Spitze des Berges aufgehalten, bis Gott selber sagte: »Lass ab von mir.« So wunderbar es scheinen mag, der Mann Mose hatte durch seinen heiligen Glauben Gott zurückgehalten. Seid gewiss, dass der, welcher Macht bei Gott hat, auch bei Menschen Macht haben wird. Wenn wir Macht bei Gott für die Menschen haben, so werden wir Macht bei den Menschen für Gott haben. Was gibt es, das der nicht zu besiegen vermag, der den Himmel durch Gebet überwinden kann?

Da stand Mose, wie ein einsamer Felsen inmitten der stürmischen See. Der Tumult des Volkes raste um ihn her, aber er stand fest und unbeweglich. Alle die geheimen und verborgenen Anhänger der Gottseligkeit, welche noch im Lager waren, sammelten sich auf seinen Ruf, und der eine Mann rettete die Sache. So ist es in der Geschichte nicht ein- oder zweimal, sondern oftmals gewesen. Ein einziger entschiedener Mann, voll von dem Geist Gottes, hat der ganzen Masse des Volkes die Stirn geboten, sich dem reißenden Strom volkstümlichen Vorurteils entgegen gestemmt und nicht nur die Strömung aufgehalten, sondern sie in die entgegengesetzte Richtung gebracht, wie Mose es tat. Nachdem er mit der Kraft Gottes umgürtet war und gelernt hatte, in der Höhe zu weilen, wurde er der heldenmütige Führer einer Schar ernster Seelen.

Brüder und Schwestern, wir brauchen in unseren Tagen Männer und Frauen von festen Grundsätzen. Wir benötigen Menschen mit erleuchtetem Geist und entschlossenem Willen. Männer, die wissen, was Recht ist, und nicht davon abweichen wollen, selbst wenn sie ihr Leben dabei wagen, fehlen heute sehr. Wir haben nicht einen oder zwei, sondern viele feste Männer nötig, die, wenn sie ihren Fuß niedersetzen, da zu bleiben gedenken und nicht von ihrem Standpunkt vertrieben werden können. Wenn einige von euch danach streben, die eigenen Familien zu leiten und die mit euch in Verbindung Stehenden in rechter Weise zu beeinflussen, so müsst ihr persönliche Seelenstärke besitzen von der rechten Art, und müsst sie da gewinnen, wo Mose seine Kraft erhielt. Solche Menschen müssen viel allein mit Gott und mächtig auf ihren Knien sein. Tretet der gottlosen Welt mit einem Antlitz gegenüber, das vom Licht Gottes glänzt. Verbindung mit dem Himmel muss euch göttliche Hilfe geben, damit ihr nicht vom Bösen überwunden werdet, sondern das Böse mit Gutem überwindet.

So viel über Mose. Gott mache uns ihm ähnlich.

Lasst uns nun Moses Frage und Befehl betrachten: »Her zu mir, wer für den Herrn ist!« Ich meine, hier drei wichtige Punkte zu sehen. Der erste ist Entscheidung – der Mann muss auf der Seite des Herrn sein. Zweitens ist hier Bekenntnis: »Her zu mir!« Wenn er auf des Herrn Seite ist, so soll er sich nicht in sein Zelt wegschleichen, sondern dem Gegner die Stirn bieten. Und drittens ist hier Hingabe, denn die, welche auf des Herrn Seite waren, sollten zu Mose kommen, um des Herrn Willen zu tun und den Kampf des Herrn auf jede Gefahr hin zu kämpfen.

Die wichtigste Entscheidung

Es handelt sich um eine Entscheidung über die höchste und wichtigste Sache, die je einem Menschen vorgelegt werden kann. Hier sind zwei Lager: Gott und Satan, Wahrheit und Lüge, Heiligkeit und Sünde. Auf welcher Seite stehen wir? Wenn ich einen Menschen gleichsam pendeln sehe zwischen beiden Heeren und höre ihn zu sich selber sprechen: »Welches von beiden soll mein Herz haben? Welches soll über meine Dienste befehlen?«, so fühle ich, dass er in einer Stellung verweilt, die zur gleichen Zeit gefährlich und erhaben ist, denn welche Wahl er auch trifft, es gilt für die Ewigkeit; es ist entweder der Himmel mit all seinen Herrlichkeiten oder die Hölle mit all ihren Schrecken.

Ob ein Mensch sich für Gott oder für Gottes Feinde entscheidet, das ist für ihn entweder die Verwandtschaft mit Engeln oder das Bündnis mit Teufeln. Es ist für ihn entweder das weiße Gewand und die ewigen Gesänge anbetenden Preises oder die schwarze Finsternis und das immer währende Wehgeschrei endlosen Jammers. Deshalb wird ein Mensch in eine sehr ernste Lage versetzt, wenn diese Frage an ihn gerichtet wird: »Bist du auf Gottes Seite oder bist du sein Feind?« Ihr benötigt in dieser Angelegenheit all euren Verstand und eure Einsicht, um diese Sache mit aller Ruhe und Überlegung zu richten und zu entscheiden. Es sollte aber auch mit aller Feierlichkeit des Entschlusses und mit aller Unerschütterlichkeit des Vorsatzes geschehen, sodass ihr, wenn ihr einmal eure Wahl getroffen habt, durch die leitende Gnade Gottes, bei dieser Wahl für alle Zeit bleibt. Sind hier einige, die diesen Punkt noch nicht entschieden haben? Wenn der Ruf erschallt: »Wer ist für den Herrn?«, sind einige von euch gezwungen zu sagen: »Ich habe mich noch nicht entschlossen.« Es wird Zeit, dass ihr es tut, denn es ist etwas Entsetzliches, wenn ein Mann, wie ich sagte, in der Mitte zwischen Gott und dem Teufel steht, zwischen Christus und Belial, zwischen Himmel und Hölle, denn, ob er es weiß oder nicht, der Mittelplatz, den er einzunehmen glaubt, ist in Wirklichkeit auf der falschen Seite. So beurteilt unser Herr Jesus ihn: »Wer nicht mit mir ist, der ist wider mich, und wer nicht mit mir sammelt, der zerstreut.«

Diese Entscheidung, liebe Freunde, so wichtig sie auch ist, sollte so früh wie möglich getroffen werden.

Es ist keine Sache, die wir in der Waagschale und in der Schwebe hängen lassen dürfen. O, dass junge Leute hieran denken möchten, und nicht den besten Teil ihres Lebens im Hinken zwischen zwei Meinungen vergeuden! Als Agesilaus an die Grenzen von Macedonien kam, sandte er die lakonische Botschaft: »Als Freunde oder als Feinde?« Die Antwort war: »Wir müssen eine Weile warten und beratschlagen.« Seine Erwiderung lautete: »Während ihr beratschlagt, marschieren wir.« Glücklich ist der junge Mann, der zu anderen sagen kann: »Während ihr überlegt, habe ich mich entschieden; während ihr zaudert, bin ich vorwärts gegangen und habe Gott mein Herz gegeben. Während ihr den Umständen nachgebt, habe ich schon den Kampf mit Sünde, Tod und Hölle begonnen; während ihr die Kosten überschlagt, habe ich schon die Schmach Christi für größeren Reichtum als die Schätze Ägyptens geachtet.« Glücklich der, welcher zuerst den Rubicon der Entscheidung überschreitet, sein Schwert gegen die Sünde zieht und die Scheide wegwirft, auf dass er niemals einen Vertrag oder Waffenstillstand mit dem Feind eingeht. Es ist eine Entscheidung, die sogleich getroffen werden sollte, o Mensch, denn der Tod ist dir nah und die Ewigkeit winkt. Warte nicht, junger Mann! Warte nicht, junge Frau! Jede Stunde macht es wahrscheinlicher, dass du eine törichte Wahl treffen wirst. Aufschub ist gefährlich, denn er erzeugt in dir die Krankheit des Leichtsinns. Hüte dich, dass du nicht ein Zauderer wirst und hinkst und hinkst und hinkst, bis du ein solcher Krüppel wirst, dass du durchs Leben hinkst und niemals mit den Heeren des Herrn marschierst. O, dass Gottes Gnade einen jeden dahin führen wollte, auf der Stelle zu entscheiden!

Dies ist eine Entscheidung von der größten Wichtigkeit, denn sie wird jede folgende Entscheidung das ganze Leben hindurch beeinflussen. Wenn Gottes Gnade mich dahin führt, zu sprechen: »Ja, schreibe meinen Namen nieder in dem Verzeichnis der Kämpfer auf der Seite des Herrn«, so wird von dem Tag an jede andere Frage in dem Licht dieser Entscheidung beantwortet werden. Ihr werdet fortan eure Liebe nur der Wahrheit zuwenden, selbst wenn sie in Lumpen gehüllt ist, und nicht der Lüge im seidenen Gewand. Ihr werdet Gerechtigkeit begünstigen und Ungerechtigkeit verabscheuen, selbst wenn sie auf den Höhen der Erde fährt. Wenn ihr auf Gottes Seite seid, so wird alles, was rein, redlich und von gutem Namen ist, einen Freund in euch finden. Ihr werdet nie auf Seiten der Trunkenheit noch auf Seiten der Unterdrückung, der Ungerechtigkeit oder des Krieges sein, denn indem ihr auf Gottes Seite steht, seid ihr Anwalt der Mäßigkeit, der Gerechtigkeit und des Friedens. Die Seite Gottes ist im höchsten und besten Sinne die Seite der Menschheit. Wir fördern am besten die Interessen der Völker, wenn wir für die Sache Gottes wirken. Ich bete, unsere Frömmigkeit möge so praktisch sein, dass wir sie in alles mit hineintragen, was wir tun. Ich liebe nicht die Religion, welche in den Kirchen lebt und am Sonntag herrlich ist – wie der Küster in seinem Rock –, aber in den gewöhnlichen schäbigen Anzug zurückfällt, sobald der Gottesdienst vorüber ist. Gebt mir die Gottseligkeit, die sich am Kamin zu

Hause fühlt und im Büro und in der Werkstatt an ihrem rechten Platz ist. Wahrer Glaube ist für Feld und Straße, für Geschäftsräume und Markt bestimmt; sie gibt allem, womit der Mensch in Berührung kommt, Farbe. Der Nachfolger Jesu stellt sich auf die Seite, welche eine Zeitlang unpopulär sein mag, aber nach dem Gesetz und Zeugnis in den Augen Gottes die rechte ist. Sehet also wohl zu, wie ihr eure Entscheidung in Bezug auf Gott trefft, da sich um diese Achse euer ganzer Charakter drehen wird.

Bei dieser Entscheidung sollte durchaus keine Schwierigkeit sein. Der Mensch sollte sich für Gott entscheiden, weil Er sein Schöpfer ist. Wagt ihr daran zu denken, Ihm entgegen zu sein, der euch gemacht hat und der euch zermalmen kann, so leicht wie eine Motte? Er ist unser Erlöser, der Herr, der uns mit Seinem Blut erkauft hat; ist es möglich, dass wir auf irgendeiner anderen Seite – als auf Seiner – stehen können? Er ist Tag für Tag unser Erhalter und der, in dessen Hand unser Atem ist – können wir im Widerstand gegen Ihn leben? Unser Verhältnis zu unserem Gott sollte eine leicht zu entscheidende Frage sein, wenn wir an unsere Verpflichtungen denken. Wir verdanken Gott nicht nur unser Dasein, sondern jedes Gut, das wir jetzt genießen oder je zu besitzen hoffen. Sollte ein Mensch nicht auf seiten seines besten Freundes stehen? Denkt nur an unsere Verantwortung, die aus all den Segnungen entspringt, welche Gott uns schenkt, und es sollte eine sofortige Entscheidung des Herzens für Gott und Seinen Christus stattfinden. Jedem rechtgesinnten Mann dürfte es nicht schwerfallen zu sprechen: »Ja, ich bin auf Seiten der Wahrheit«, und weil Gott die Wahrheit ist, sollten wir auf Seiner Seite sein. Seine Seite ist die gerechte, die wahre Seite, welche schließlich siegen muss, die Seite, welche alle heiligen Engel und vollendeten Geister mit Weisheit ergriffen und mit Ernst verteidigt haben. Sollte unsere Entscheidung viel Überlegung erfordern?

Wer verlangt Zeit zum Erörtern, wenn der Weg deutlich ist? Und dennoch ist es leider wahr, dass wir unserer Sünden wegen nicht rasch zu einer ehrlichen, aufrichtigen und praktischen Entscheidung gelangen. Nein, wir werden niemals dazu gelangen, wenn nicht der Heilige Geist unser Herz beeinflusst und uns von der Sklaverei unserer sündigen Lüste befreit. Die meisten Menschen werden von ihren eigenen Interessen beherrscht: »Welches ist die beste Seite für mich? Welche wird mir den meisten Mammon, die größte Achtung, die sicherste Ruhe bringen?« Aber wer auf Gottes Seite ist, verachtet solche niedrigen Erwägungen und zieht nicht das vor, was für die Gegenwart Vorteile bringt, sondern was recht und gerecht ist.

Ach, viele werden durch Menschenfurcht beeinflusst. Was für eine mächtige Triebfeder ist dieses böse Element bei der Erledigung menschlicher Angelegenheiten! Die Menschen wollen wohl Recht tun, aber sie wagen es nicht. Sie wollen wohl das vermeiden, was Unrecht ist, aber dann könnten sie wegen zu großer Gewissenhaftigkeit verlacht werden, und deshalb gestatten sie sich die Sünde, welche ihr Gewissen verdammt. Meine Brüder und Schwestern, möge der Herr uns eine andere Gesinnung geben, damit die Meinung der Menschen kein Gewicht mehr bei uns hat. Es ist besser, Feinde zu bekommen, als Gott ungehorsam zu sein. Ich wünschte, ihr wäret ebenso gesinnt wie der alte Spartaner, der sagte, bei ihm laute die Frage niemals: »Wie zahlreich sind meine Feinde?«, sondern: »Wo sind sie?« Ja, das ist es: »Wo sind sie?« Das ist alles. Wir sind bereit und lassen uns nicht von der Überzahl beeindrucken. Wenn es Gegner der Wahrheit und Gerechtigkeit in Menge gibt, berechnet nicht ihre Stärke, überschlagt nicht, was ein Angriff auf sie kosten mag, sondern werft sofort den Fehdehandschuh hin und stellt euch auf die rechte Seite, für Gott und Seine Gerechtigkeit.

Eine andere Bemerkung muss gemacht werden: Bei dieser Entscheidung gibt es nur eine Alternative. Wenn wir nicht auf Gottes Seite sind, so sind wir auf der entgegengesetzten. Es gibt eine große Anzahl Leute, die versuchen, im Zwischenreich zu wohnen. Sie würden, wenn sie es könnten, auf beiden Seiten stehen oder auf gar keiner. Sie wollen in Ruhe gelassen werden; sie wünschen, für sich zu bleiben, nichts zu sagen und mit keiner Seite etwas zu tun zu haben. Nun, es gibt keine Synagoge für Unentschiedene auf der Erde und kein Fegefeuer für Mittelmenschen in der unsichtbaren Welt. Was diese Welt betrifft, so wird euch da kein Trost gegeben. Ihr werdet nicht gepriesen, sondern von der Schrift getadelt und sogar verflucht, dass ihr nicht dem Herrn gegen die Feinde zur Hilfe gekommen seid. Ihr werdet als Feinde Gottes betrachtet, bis ihr Seine Freunde geworden seid; und es muss so sein, denn wer nicht ehrlich ist, der ist unehrlich, wer nicht rein ist, der ist unrein, und wer nicht für Gott ist, der ist gegen Ihn. Es ist eine Sache, in welcher eine Seele nicht farblos sein kann; diese Möglichkeit liegt völlig fern, denn Gott hat entschiedene Freunde und bittere Feinde. Alle großen Fragen bewirken in der Seele des Menschen starke Bewegungen nach der einen oder anderen Seite hin und diese größte aller Fragen bewirkt dasselbe. Obwohl du, mein Freund, zur Zeit keinen starken Drang in die falsche Richtung hin fühlst, so lauert doch in deinem Inneren das, was eine große, böse Bewegung hervorbringen kann, und wenn diese in dir schlummernde Sünde nicht getötet wird, indem die Gnade dich auf Gottes Seite führt, so kann sie sich eines Tages zu einer furchtbaren Machtentfaltung aufraffen. Wie eine Viper, die erst vor Kälte erstarrt war und zum Leben erwärmt wird, alle, die ihr nahe sind, beißt, so wütet die Sünde, wenn ihre Stunde kommt. Wie der junge Löwe, der noch kein Blut geleckt hat, zahm ist wie eine Katze und doch allmählich die ganze Wildheit des Raubtieres zeigt, so ist es mit der Sünde, die sich im menschlichen Herzen verbirgt. Ihr müsst Gott und Seinem Christus angehören und Ihm dienen, sonst werdet ihr Knechte des Satans sein. Heiligkeit muss euch halten, sonst wird die Sünde euch finden. Der Himmel muss euch gewinnen und zu sich ziehen, sonst wird die Hölle euch als ihr Eigentum zeichnen und ihr werdet hinab fahren. Hier will ich die Sache der Entscheidung abschließen, mit dem ernsten Gebet, dass alle, die sich entschieden haben, fest bleiben und dass die, welche sich noch nicht entschieden haben, von dem Geist Gottes dahin geleitet werden, sich sofort zu entscheiden.

Lasst uns zweitens das Bekenntnis betrachten: »Her zu mir, wer für den Herrn ist!« Im Hebräischen ist der Ausdruck noch schärfer: »Wer ist auf Jehovas Seite? Zu mir!« Es gleicht dem Ruf eines Mannes, der im Kampf den ersten Streich führt und, indem er das Banner entfaltet, die Menschen auffordert, sich darunter einzureihen. »Für Gott – zu mir!« »Wenn ihr wirklich Seine Knechte seid, kommt und versammelt euch um mich.«

In diesem Bekenntnis liegt zuerst ein Herauskommen. Sie sollten aus den Reihen der Götzendiener heraustreten. Ihr, die ihr auf des Herrn Seite steht, kommt aus euren Zelten, wohin ihr euch zurückgezogen habt, um nicht in den aufrührerischen Haufen zu geraten – kommt zu mir! Ihr, die ihr dort an den äußersten Grenzen des Lagers seid, um vor diesem Lärm und Getöse sicher zu sein, kommt in das Tor des Lagers und zeigt euch. Niemand muss heute seine »Farbe« verbergen. Nun denn, ich fordere euch heute auf, die ihr auf des Herrn Seite steht: Verheimlicht nicht euren Glauben, seid nicht gottlos zurückhaltend, seid nicht undankbar zurückgezogen, sondern tretet hervor. »Gehet aus von ihnen, sondert euch ab, rührt Unreines nicht an.«

Es gibt zu wenig Trennung von der Welt bei den Bekennern Christi. Mich wundert nicht die Frage, die ein kleines Mädchen seiner Mutter stellte, als es das Neue Testament gelesen hatte: »Mutter, meinst du nicht, es wäre sehr gut, wenn wir alle weggehen und da leben könnten, wo Christen sind?« Die Mutter sagte: »Wie, es sind doch viele Christen um uns her.« »O nein, Mutter, nicht wie die, von denen ich im Neuen Testament gelesen habe.« Ich fürchte, das Kind hatte recht, denn wenn es hier auch einige neutestamentliche Christen gibt, so wünsche ich doch, die Zahl derer wäre groß, die nicht der Mode dieser Welt und den Torheiten der Zeit folgen, sondern in allen Dingen mit Gott wandeln auf dem abgesonderten Weg, wo Jesu Fußstapfen zu sehen sind.

Dieses Bekenntnis war kein bloßes Heraustreten – sie sollten zu dem Führer kommen. Mose stand da und rief: »Her zu mir!« Er stand da als Gottes Stellvertreter und schien zu sagen: »Ich bin auf Gottes Seite, das ist keine Frage, obwohl ich allein stehe; nun lasst andere, die auf Gottes Seite sind, zu mir kommen.« »Ach!«, sagt ihr heute, »wir wünschten, es gäbe einen Führer, kühn und tapfer, zu dem wir kommen könnten.«

Ich erwidere, ihr habt einen. Wo ist er? Er ist in die höchsten Himmel hinaufgegangen, aber euer Glaube kann ihn sehen. Es ist Jesus Christus, der Herr, der sich zuerst und vollkommen auf Gottes Seite stellte – er bewies es durch Sein Leben und bewies es durch Seinen Tod, und heute ruft Er alle, die auf Gottes Seite sind, zu Ihm zu kommen. Kommt und lasst Ihn euren Meister und Herrn sein; kommt und ahmt Sein Beispiel nach und haltet Seine Gebote; kommt und verkündet Sein Evangelium und verteidigt Sein Reich. Wer auf der Seite des Herrn ist, der komme zu Christus und folge dem Lamm, wohin immer es geht.

Und doch ist noch viel mehr darin enthalten. Diejenigen, welche zu Mose kommen sollten, kamen natürlich auch zueinander. Als Mose rief: »Her zu mir, wer für den Herrn ist!«, bildete er in Wirklichkeit eine Gemeinde und formte eine Armee von Männern, deren Herzen Gott berührt hatte. Diese kamen auf den Ruf des Mose hervor. Kommt denn, ihr, die ihr den Herrn liebt, kommt und verbindet euch mit anderen, die ebenso denken. Gesellen sich nicht die Vögel einer Art zusammen? Wenn Gott euch zu Paradiesvögeln gemacht hat, so eilt, und wie die Tauben sammelt euch zum Flug. Freund, wenn ich auf der Seite des Herrn bin und du auf des Herrn Seite bist, weshalb sollten wir einander fremd sein? Es sind wenige, die zu Christus stehen, gewiss, sie sollten in engster Zuneigung miteinander verbunden sein. Einheit ist Stärke, und da wir keine überflüssige Stärke haben, so lasst uns vereint sein. Tretet hervor, ihr, die ihr den Herrn kennt, und zeigt eure Zugehörigkeit, indem ihr euch mit denen verbindet, die euren König liebhaben. Reiht euch ein unter demselben Heerführer und schreibt eure Namen in dieselbe Musterrolle.

Ich kann diesen Ruf nicht mit so viel Energie ergehen lassen, wie ich möchte, sonst würde ich ihn auf jedem Marktplatz erheben. Ich bitte diejenigen, welche nicht auf des Herrn Seite stehen, dringend, nicht zu versuchen, sich mit irgendeiner sichtbaren Kirche zu verbinden, denn das wäre grobe Heuchelei. Aber ich möchte alle, die auf des Herrn Seite stehen, ermutigen, einladen, bitten und fast so weit gehen, es ihnen zu gebieten, sich zu erklären. Kommt zu uns, denn auch wir stehen auf der Seite des Herrn. Leiht uns eure Hilfe, gewährt uns eure Gesellschaft, lasst uns in Gemeinschaft miteinander treten und uns in allem, was gut und wahr ist, verbunden sein, weil wir auf der Seite des Herrn stehen. Tut dies, ich bitte euch, und legt so bald wie möglich von eurer Entscheidung für Gott ein Bekenntnis ab.

Hingabe

Die, welche auf der Seite des Herrn stehen, sollten nicht nur ihre Namen, sondern sich selbst geben. Wenn wir auf Christi Seite stehen, gehören wir Christi an.

Jeder, der wirklich auf Gottes Seite steht – Sein Eigentum ist –, sollte sich verpflichtet fühlen, Gottes Willen zu gehorchen. Ich danke Gott, dass ich dieses lernte, als ich zuerst den Heiland erkannte. Ich dachte nicht, dass ich in Glaubenssachen meinem Vater oder irgendeinem anderen frommen Mann folgen müsste. Mir schien, dass Gott die Bibel in meine Hand gelegt und ich sie lesen und mit fleißigem Forschen ausfindig machen müsste, was der Herr mich in diesem Buch lehrt, und dass ich dann glauben und danach tun sollte. Ich fühle es jetzt als einen großen Trost für mein Herz, dass ich nichts aus zweiter Hand nahm. Ich empfing meine Lehre nicht von Menschen, wurde nicht darin unterwiesen, sondern ich ging geradewegs zum Ursprung der Quelle und trank durch die Unterweisung des Geistes Gottes aus ihr. Ich wünschte, ihr alle tätet dieses. Folgt nicht einer Kirche, folgt nicht irgendeinem großen Prediger, heftet euch an keines Menschen Ärmel.

Zum Gesetz und zum Zeugnis: Wenn sie nicht nach diesem Worte sprechen, dann deswegen, weil kein Licht in ihnen ist! Wenn jedermann dies tun würde, dann gäbe es immer noch Verschiedenheiten der Erkenntnis, aber ich bin geneigt zu glauben, dass Einheit in Lehre und Praxis viel eher durch diese Voraussetzung erreicht werden würde als durch jedes andere Mittel. Wenn ein jeder für sich selbst zum Wort Gottes geht und sich nicht länger in irgendeinem »-ismus«, den er von anderen gelernt hat, niederlässt, könnten wir die Wahrheit erkennen und in unseren Ansichten darüber zusammenkommen. In einer gewissen Spur weitergehen, weil ihr zufällig durch Umstände, Geburt und Erziehung da hineingestellt seid, ist nicht die Weise einer aufrichtigen und erleuchteten Seele. Ich kümmere mich nicht um die Dekrete der Kirchen oder die Dogmen der Menschen. Ich ehre beide, Kirchen und heilige Männer, aber nicht als Diktatoren unseres Glaubens. Dieses eine Buch, die Bibel, enthält den Glauben des wahren Christen, soweit er durch Buchstaben beschrieben werden kann, und der Geist Gottes soll uns, wie verheißen, über ihre Bedeutung erleuchten. Gebe Gott, dass wir niemals sagen werden: »Ich tue dies und das, weil es in dem Gebetbuch so steht«; oder: »Weil es nach den Bekenntnissen unserer Gemeinschaft so ist.« Was habt ihr zu tun mit irgendeinem Buch, außer der Bibel, oder mit irgendeiner Gruppe, außer der Gemeinde des lebendigen Gottes, ausgenommen, das Buch und die Gruppe sind schriftgemäß? Gebt acht, denn sorgfältiger Gehorsam gegen Gott tut in diesen Zeiten sehr not. Ich habe ein- oder zweimal heute einen Spartaner zitiert, denn etwas von dem spartanischen Geiste würde sehr gut sein, wenn es vom Geiste Christi durchdrungen wäre. Ein Spartaner stand inmitten einer Schlacht im Begriff seinen Feind zu töten. Sein Schwert war erhoben, als die Trompete zum Rückzug blies und er zog sein Schwert zurück. Als jemand sagte: »Warum ließest du ihn entrinnen?«, antwortete er: »Ich wollte lieber meinem General gehorchen, als einen Feind töten.« Für einen Christen gibt es nichts, das dem Gehorsam gleich käme. »Gehorchen ist besser als Schlachtopfer, Aufmerken besser als das Fett der Widder.« Lasst uns das lernen.

Wenn wir auf des Herrn Seite treten, sollen wir nicht nur bereit sein, Seinem Willen zu gehorchen, sondern Ihm auch tätig und eifrig zu dienen. Mose sagte zu diesen Männern: »Ein jeder lege sein Schwert an die Hüfte!« Ihr sollt euch nicht auf die Seite des Herrn stellen, um eure Zeit träge zu vergeuden. Eine Menge Leute denken, wenn sie in den Schoß der Kirche kommen, so könnten sie dort schlafen wie ein Kind in den Armen seiner Mutter. Die Kutsche des Evangeliums fährt vorbei, und sie versuchen auf einen Sitz zu klettern und mitzufahren; aber der Gedanke, die Kutsche zu ziehen oder für den Herrn zu arbeiten kommt nicht in ihren Kopf. Mit uns darf es nicht so sein. Wir müssen uns mit unserer ganzen Energie auf die Seite Gottes schlagen, so wie sich der Stamm Levi tapfer gegen das aufrührerische Volk verteidigte.

Und wir müssen dies auf alle Gefahr hin tun und keine Kosten scheuen. Diese Männer hatten eine sehr schmerzliche Pflicht zu vollziehen. Sie wurden ihren Brüdern, die des Hochverrats gegen Gott, ihren König, für schuldig befunden wurden, zu Scharfrichtern. Es kostete ihren Herzen viel, dass jeder seinen Bruder und Freund töten musste, aber wenn sie dieselben hartnäckig in ihrer Abgötterei fanden, so war es ihnen befohlen, sie ohne Gnade zu erschlagen. Ihre Hand schonte nicht und ihr Auge hatte kein Mitleid für die, welche in der Empörung verharrten. Seht, was Mose von ihnen sagt. Zu Levi sprach er: »Deine Tummim und deine Urim sind für deinen Frommen, den du versucht hast zu Massa, mit dem du hadertest bei dem Wasser von Meriba; der von seinem Vater und von seiner Mutter sprach: Ich sehe ihn nicht, und der seine Brüder nicht erkannte und von seinen Söhnen nichts wusste. Denn sie haben dein Wort beobachtet, und deinen Bund bewahrten sie.« Sie waren Gott ergeben und das müssen auch wir sein. Wenn ihr euch mit der Kirche Christi verbindet, so muss, wenn es nötig ist, ein Abschneiden des rechten Armes und ein Ausreißen des rechten Auges, ein Töten des Fleisches mit seinen Lüsten und Begierden stattfinden. Wir sind zu einem Kampf berufen und wir müssen uns darauf vorbereiten und dürfen nicht bange sein.

Nun, weil diese Männer Gott so treu ergeben waren, wurden sie zu Lehrern Israels für spätere Zeiten gemacht. Lasst mich fortfahren zu lesen, was Mose sagt, weil sie unparteiisch das Urteil des Herrn vollstreckt hatten: »Sie werden Jakob lehren deine Rechte, und Israel dein Gesetz; sie werden Weihrauch legen vor deine Nase und Ganzopfer auf deinen Altar.«

Ferner sollten sie bewahrt bleiben und zu mehr als Siegern gemacht werden, um ihrer Treue willen. Sie hatten die Lenden der Feinde Gottes zerschlagen, und nun spricht der Mann Gottes diesen Segen über sie aus: »Segne, Jehova, sein Vermögen, und das Werk seiner Hände lass dir wohl gefallen; zerschmettere die Lenden derer, die sich wider ihn erheben, und seiner Hasser, dass sie nicht mehr aufstehen!« Levi schlug Gottes Feinde, Gott will seine Feinde schlagen. Die, welche Gottes Werk tun, werden feststellen, dass Gott für sie wirkt. Sie taten ihre Pflicht mit strenger Lauterkeit und deshalb macht Gott sie zu Führern Seines Volkes, zu Lehrern Seiner Nation, und sie sollen nun über alle ihre Gegner triumphieren. Ich wollte, dass jeder, der bekannt hat, auf des Herrn Seite zu stehen, dem Wort Gottes in allen Dingen folgt, koste es was es wolle. Ihr findet in der Bibel Lehren, welche die Welt für hart erklärt; haltet fest daran, und lasst sie dieselben grausam nennen, wenn es ihr gefällt. Ihr werdet strenge Lehren zu verkünden haben, die den hoch daherfahrenden menschlichen Stolz niederschmettern und die Vergnügungssucht fleischlicher Gemüter durchkreuzen; verkündet sie dennoch. Gott wird euch rechtfertigen, wenn ihr es tut, und euch gegen alle Schmähungen verteidigen. Gestattet keine Vorbehalte. Sorgt nicht für das Fleisch und seine Lüste. Wenn du »ein Streiter des Kreuzes, ein Nachfolger des Lammes« bist, so ist es deine Aufgabe, zu tun, was Gott dir gebietet. Deine Sache ist nicht, zu fragen warum?! Deine Sache ist es, wenn nötig zu sterben wagen und stets in aller Sanftmut und Demut die Wahrheit zu behaupten, mag sie den zarten Philosophen unserer Tage auch rau und schroff erscheinen. Seid immer auf der Seite des Rechts. Möge der Heilige Geist uns in all diesem helfen, denn wenn Er uns nicht hilft, so fallen wir sicherlich, aber wenn Er mit uns ist, so werden wir überwinden.

Die unter euch, die bis jetzt noch klein sind in Israel, sollten Sorge tragen, dass sie ihr Werk für Gott an ihrem bescheidenen Platz gut verrichten, dann werden sie zu größeren Aufgaben berufen werden. Diese Leviten wurden zu Lehrern gemacht, weil sie es wagten, auf Gottes Befehl Scharfrichter zu sein – ein Auftrag, der nach Meinung der Menschen mit Unehre verbunden war. Sie waren kühn genug, sich dem ganzen Lager gegenüber zu stellen, und nun sollen sie weise genug gemacht werden, alle Stämme zu lehren. Agesilaus, der Spartaner, war nicht beleidigt, als man ihm den letzten Platz anwies, sondern sprach: »Ich will den Platz ehren, wenn der Platz mich nicht ehrt.« So verschaffe auch du, wenn du an den niedrigsten Platz in Christi Haus gestellt bist, dem Platz Ehre, und nach einer Zeit, wenn der König hereinkommt, seine Gäste zu besehen, wird er sprechen: »Freund, rücke höher hinauf.« Wenn ihr treu seid über Weniges, wird er euch über Vieles setzen, nur achtet darauf, dass ihr euch ihm völlig weiht.

Ich wünsche zum Schluss zu zeigen, wie mein Thema für die jetzige Zeit geeignet ist. Ich bin sicher, es ist nicht unzeitgemäß. »Wer ist für den Herrn?«, der komme zu Christus und weihe sich ihm heute. Die Anbetung des goldenen Kalbes ist jetzt allgemein üblich. Die Menschen werden nach der Summe des Geldes geschätzt, das sie besitzen. In der Tat, wir sagen, ein Mann sei »so und so viel wert«. Obwohl der Mann nicht ein Paar alte Schuhe wert sein mag, so sagt man doch, wenn er ein großes Haus, ein schönes Gut und ein bedeutendes Kapital besitzt, er sei so viel wert. Armes, kleines Geschöpf! In vielen Fällen könnte sein Wert auf den Nagel eures Daumens geschrieben werden. Es ist nicht der Mann, der Wert hat; sein Haus, seine Ländereien und sein Geld haben den Wert, nicht er. Es gibt viel zu viel Beugen und Kriechen vor dem goldenen Kalb in allen Klassen der Gesellschaft. Alle möglichen Kniffe werden gebraucht, um einen Span von den Hufen dieses Geschöpfes zu bekommen. Bruder, du solltest eher Armut ertragen, als um des Reichtums willen ein Unrecht zu tun. Du musst es lernen, Menschen nach dem zu schätzen, was sie sind, nicht nach dem, was sie haben. Es braucht kein Christentum, um euch zu sagen, dass einige der würdigsten, edelsten und königlichsten Menschen ihr Brot im Schweiße ihres Angesichts verdienen; wenn ihr ihnen begegnet, liebt und ehrt sie!

Auf der anderen Seite müsst ihr wissen, dass einige der schändlichsten Menschen oftmals zu hohen Plätzen des Reichtums und der Macht emporgestiegen sind. Kriecht vor keinem Menschen, aber am allerwenigsten bückt euch vor einem Geldsack. Beurteilt die Leute nach ihrem Charakter, nicht nach ihrer Stellung. Gott gebe, dass niemand von uns je in der Anbetung des goldenen Kalbes gefunden werde. Doch um in die Gesellschaft aufgenommen zu werden, tut man die verächtlichsten Dinge. Ich weiß nicht, was für ein Ding die Gesellschaft ist, aber ich habe sagen hören, dass es eine wundervolle Errungenschaft sei, in die Gesellschaft aufgenommen zu werden – das Vorrecht zu haben, die leeren Zeremonien und die hohlen Täuschungen stupiden Glanzes zu genießen – das Vorrecht zu haben, mit jenen Personen zu reden, die mehr an ihre Kleidung als an ihren Glauben wenden. Nach dem wenigen, was ich von diesem wundervollen Ding, das man »Gesellschaft« nennt, kenne, habe ich kein Streben gefühlt, an ihrer Glückseligkeit teilzunehmen. Und doch habe ich gesehen, dass Leute, um in die Gesellschaft zu gelangen, ihre Grundsätze wegwerfen, ihre Freunde verlassen, ihre Gewissen ersticken, ihre Glaubensgemeinschaft aufgeben und an ihrem Gott zum Verräter werden. Fürwahr, sie haben Glück im Geschäft und hoffen, einen Rang unter dem Adel einnehmen zu können und deshalb verlassen sie diejenigen, welche sie lieben, um mit großem Aufwand die zu bewirten, welche verächtlich auf sie herabsehen. Der Herr bewahre uns alle vor solcher Herabwürdigung.

Das nächste, wogegen ihr fest und stark sein müsst, ist der Aberglaube, der zu oft mit religiöser Verehrung verbunden ist. Denkt daran: Gott soll angebetet werden und Gott allein. Das ist das Wesentliche des ersten Gebotes; aber Gott soll auf Seine eigene Weise angebetet werden – das ist das Wesentliche des zweiten Gebotes. Das erste sagt: »Du sollst keinen anderen Gott haben«, und das zweite lautet: »Du sollst dir kein geschnitztes Bild machen, noch irgendein Gleichnis dessen, was oben im Himmel und was unten auf der Erde ist, und was in den Wassern unter der Erde ist. Du sollst dich nicht vor ihnen niederbeugen, und ihnen nicht dienen.« Mose ließ das aufrührerische Volk seinen ›Gott‹ trinken, aber in diesen Zeiten leben Personen unter uns, die buchstäblich ihren Gott als einen Akt der Andacht essen. Vor dem hohen geistlichen Geheimnis, in welchem wir geistlich unseren Herrn Jesus essen, habe ich die tiefste und feierlichste Ehrfurcht, aber die abergläubische Meinung, dass Menschen das Fleisch Christi wirklich unter der Form des geweihten Brotes essen, erweckt meinen Widerwillen. Die Anbetung dessen, was das heilige Sakrament genannt wird, ist eine ebenso niedrige Abgötterei, wie die ägyptische Anbetung der Zwiebeln und anderer Kräuter, die in ihren eigenen Gärten wuchsen. Beide sind um keine Stecknadel verschieden. Brot, das nichts als Brot ist und, wenn ihr alles darüber gesagt habt, was zu sagen ist, doch Brot bleibt, darf nicht in einem Gerichtshof vorgezeigt werden;* oder, wenn es da vorgezeigt wird, so versichert ein großer Bischof, der es besser wissen sollte, dass er Sorge getragen hat, dass es ehrfurchtsvoll verzehrt werde. Ich möchte wis-

* Bei einem Rechtsstreit der Ritualisten, die sich der römischen Anschauung vom Abendmahl immer mehr zuneigen, wurde das Brot (Hostien werden in der anglikanischen Kirche nicht gebraucht) im öffentlichen Gerichtshof vorgezeigt.

sen, was aus dem schimmeligen Brot wurde. O, dass ich, ein Engländer, je gezwungen werden soll zu glauben, dass ein anderer Engländer in diesem neunzehnten Jahrhundert das Brot des Bäckers anbetet! Großer Gott im Himmel, ist dies das Land Latimers? Ist dies das Land des evangelischen Lichts? Oder sind wir ganz zu Rom und seinen Abgöttereien zurückgegangen?

Ich wünsche, dass ihr in dieser Sache streng und unerbittlich seid. Erweist keinem Ding religiöse Ehre, das mit den Augen gesehen werden kann. Betet kein Symbol an, wie altertümlich es auch sein mag; betet Gott allein an. Verabscheut jede Handlung, die der Verehrung der Gemälde, Bilder, Kruzifixe, Monstranzen, Hostien, Kelche und Altäre nahe kommt. Weg mit der ganzen Abgötterei! Kein verächtliches Beiwort wird falsch angewandt, wenn es gegen diesen Aberglauben gerichtet ist. Ich will jetzt nicht die Spottworte wiederholen, die unsere Väter über die Gottlosigkeit ausschütteten, aber ich bitte euch, folgt ihnen, indem ihr euch streng weigert, durch Wort oder Blick oder Zeichen die geringste Achtung für die Gegenstände abergläubischer Verehrung zu bezeugen, damit ihr nicht durch eure Vermischung mit den Heiden ihre Schuld auf euch ladet. Diese abgöttischen Israeliten könnten geltend gemacht haben, dass sie nicht das goldene Kalb anbeteten, sondern Jehova unter der Gestalt eines Stieres, indem sie sagten: »Seht, welch ein schönes Sinnbild es ist! Der Stier ist das Bild der Stärke und Gott ist allmächtig. Wie lehrreich ist es! Der Ochse pflügt unsere Felder und bringt so unsere Ernten hervor – was für ein inhaltsreiches Symbol der

Güte Gottes! Viele von dem einfachen Volk werden mehr hieraus lernen als aus einer Predigt.« Gewisse kunstliebende Leute mochten, jeder in seiner Weise, hinzugefügt haben: »Diese symbolische Verehrung ist so geschmackvoll, dass sie mir hilft, anzubeten. Als ich in dem Lager war und sich da kein goldenes Bild befand, konnte ich nie recht in diese kahle Verehrung einstimmen, aber ich bewundere sehr diesen geschmackvollen und ansprechenden Gottesdienst. Die unvorbereiteten Gebete Moses und seines Bruders waren mir zu dürftig. Dieser schöne Stier ist ästhetisch und erweckt Gedanken und Gefühle, und das Zeremoniell des Apis ist nach meinem Urteil durchaus ein Muster. Gebt mir ein wenig Israelitisch-ägyptisches, worin ihr das Alte durch das Neue verschönert habt, und mit Hilfe der Musik und Kniebeugungen kann ich in der Tat anbeten.« Ihr wisst, wer die sind, die heutzutage in dieser Weise reden.

Nachher kamen die Volksbelustigungen – denn es steht geschrieben: »Und das Volk setzte sich nieder, um zu essen und zu trinken, und sie standen auf, um sich zu belustigen.« Die Abergläubischen lieben meistens eitle Vergnügungen. »O, das ist die Religion für mich«, schreibt einer; »nichts von eurem engherzigen Gerede vom Anbeten Gottes im Geist und in der Wahrheit.« Meine Brüder, ich wünsche, ihr seid euch sicher, dass ihr hierin auf Gottes Seite steht, denn jedes Symbol – ich wiederhole es – ob Bild, Gemälde, Brot oder was ihr wollt, muss getadelt werden, wenn es als Gegenstand der Anbetung aufgestellt wird. Da Brot und Wein von unserem Herrn Jesus verordnet sind, zu Seinem Gedächtnis gebraucht zu werden, so müssen sie mit liebevollem Nachdenken gebraucht werden, aber wir müssen und dürfen ihnen nicht die geringste Anbetung zollen, denn das hieße Sünde der schwärzesten Farbe aus dem zartesten aller Andenken zu machen.

Der nächste Punkt ist, dass ich wünsche, wir wären auf des Herrn Seite in Bezug auf die sündigen Vergnügungen, welche solchen Reiz für viele zu haben scheinen, dass selbst christliche Leute, soweit sie nur können, dabei mitmachen. Als sie sich vor diesem goldenen Kalb gebeugt hatten, »standen sie auf, um sich zu belustigen«, und ein sehr hübsches Spiel war es. Es verträgt keine Erklärung und in der Welt gibt es eine Menge von diesen »Spielen«. Hütet euch vor jedem Vergnügen, das euch hindert, die Zeit auszukaufen oder welches das Gemüt befleckt. Es gibt Erholungen einer gesunden, männlichen, erfrischenden Art; aber die, welche euch gar keinen Dienst leisten können, sind unnütz. Derselbe Geist, welcher bewirkte, dass der Puritaner sich weigerte, die sogenannten heiligen Tage und heiligen Dinge des Aberglaubens zu verehren, führte ihn auch dahin, Gott und Sein heiliges Gesetz so zu verehren, dass er nicht an den erniedrigenden Vergnügungen der damaligen Zeit teilnehmen wollte, die in der Regel so roh waren, dass selbst irreligiöse Leute sie heutzutage nicht ertragen würden. Wir haben etwas von demselben Widerspruch zu erheben und dürfen nicht davor zurückweichen. Wir sprechen von Zeitvertreib – wenn dieser rein und lauter ist, wenn er gesund für den Körper oder beruhigend und stärkend für den Geist ist, so führt uns keine altmodische Laune dazu, ihn zu tadeln, und wir tadeln ihn auch nicht; aber wenn daran ein Flecken von Laster ist oder eine Versuchung dazu oder wenn es bloße Narrheit ist, so können wir es nicht ertragen. Wir wagen uns nicht dahin, wohin Jesus nicht gegangen wäre. Wir möchten nicht dahin gehen, wo wir uns fürchten würden, zu sterben oder zittern würden, die Posaune der Wiederkunft unseres Herrn zu hören. Seid ihr stark genug auf der Seite des Herrn, um diese strenge Lehre zu bejahen? Ich bitte Gott, den neumodischen Christen ein Rückgrat zu geben. Jeder andere Teil ihres Körpers scheint fest zu werden, ausgenommen die Wirbelsäule, die weich und leicht verdrehbar bleibt. Wir müssen entschlossen und treu werden.

»O«, sagt einer, »das sind kleine Punkte.« Ja, aber ich möchte, dass ihr dem Spartaner gleicht, der auf sein Schild eine Fliege malte. »Dein Wappen ist sehr klein«, sagte jemand. »Richtig«, sagte er, »aber ich halte es dem Feind sehr nahe.« Wenn etwas eurem Gewissen sehr klein erscheint, so ist es umso wichtiger, dass wir sie denen gerade vors Angesicht halten, die gering von Gottes Sache denken. Ein kleiner Punkt, der auf Gott Bezug hat, ist eine große Sache. Spielen mit kleinen Dingen führt zum Spielen mit großen Dingen.

Zuletzt: Wir haben eine feste Entscheidung für Gott und ein kühnes Bekenntnis nötig in dieser Zeit des allgemeinen Feilschens mit Grundsätzen. Es gibt viele Leute die sagen: »Ihr habt recht, ohne Zweifel, aber …« Nein, die christliche Art zu sprechen ist: »Wenn es recht ist, so kennen wir kein Aber!« »O ja«, sagt einer, »ich stimme damit überein, dass dies richtig ist, und doch ...« Ein echter Christ hat kein »und doch«. Wenn Worte eindeutig dies und das bedeuten, so wird jeder, der auf des Herrn Seite steht, sie in diesem Sinn und nicht in einem unnatürlichen Sinn gebrauchen und er wagt niemals zu sagen: »Ich weiß, dass dies und das unrecht ist, und es beunruhigt mein Gewissen, aber ihr seht doch, dass ich sehr viel Gutes tue, und wir müssen uns ein wenig Böses gefallen lassen, um ein großes Gutes zu gewinnen.« Der entschiedene Christ wird nie Böses tun, damit Gutes daraus kommt; er verabscheut diese jesuitische Idee. Er glaubt, dass es ein großes Übel ist, wenn man versucht, Gutes zu tun, indem man Böses tut. Für ihn sind Wahrheit, Recht, der Wille Gottes und die Lehren Christi die höchsten Gegenstände.

O, dass ihr alle in diesem Geist lebtet und darin fest wäret. In eurem Familienkreis, in eurem Geschäft, seid überall wahr, seid aufrichtig, seid Gott ähnlich, seid Christus ähnlich. Möge der Geist Gottes dazu verhelfen, um Jesu Christi willen. Amen.

Der große Ansporn, Nachahmer Gottes zu sein

»So seid nun Nachahmer Gottes als geliebte Kinder.«
Epheser 5,1

Die Einteilung der biblischen Bücher in Kapitel ist manchmal missglückt, und in diesem Fall teilt sie einen Abschnitt, der seinem Sinn nach unteilbar ist. Der Apostel hatte gesagt: »Seid aber gegeneinander gütig, mitleidig, einander vergebend, gleichwie auch Gott in Christo euch vergeben hat. Seid nun Nachahmer Gottes als geliebte Kinder.« Er hat euch vergeben, darum ahmt Ihn nach.

1. Der Befehl

Ich bemerke zu dieser Vorschrift, dass sie uns zur praktischen Pflicht auffordert. Sie weist auf Handlungen hin, auf fortgesetzte Taten der besten Art. »Seid Nachahmer«, das heißt, betrachtet Gott nicht nur und denkt dann, dass ihr genug getan habt, sondern geht daran, das in eurem Leben zu zeigen, was ihr studiert. Betrachtung ist eine glückliche, heilige, wertvolle Beschäftigung, und sie belehrt, stärkt, tröstet und inspiriert eure Herzen und macht eure Seelen fest, aber ihr müsst von der Betrachtung zur Nachahmung des Charakters Gottes übergehen. Lasst euer geistliches Leben nicht nur in frommen Erwägungen knospen und blühen, sondern lasst es Frucht bringen in heiligen Taten. Dem Sitzen zu Jesu Füßen muss das Treten in Jesu Fußstapfen folgen.

Der Text sagt uns auch nicht, dass wir Bewunderer Gottes sein sollen. Das sollten wir sein und werden es auch sein, wenn wir wahre Christen sind. Die reinen Herzen, die Gott allein recht sehen können, sind voll ehrerbietiger Bewunderung. Mit den Engeln rufen sie aus: »Heilig, heilig, heilig ist der Herr Zebaoth!« »Wer ist Dir gleich, o Gott, herrlich in Herrlichkeit?« Aber wir können uns mit einer solchen Bewunderung nicht zufrieden geben, wir müssen unsere Bewunderung durch sorgfältiges Nachahmen beweisen. Nachahmung Gottes ist die aufrichtigste Form der Bewunderung, und wir können nicht glauben, dass ihr Gott kennt und von Seiner Heiligkeit erfüllt seid, wenn ihr nicht das Bestreben zeigt, Ihn, soweit Er euch hilft, als geliebte Kinder nachzuahmen.

Der Text bleibt auch nicht bei der Anbetung stehen, obwohl das eine erhabene Höhe ist. Anbetung entspringt aus der Betrachtung und Bewunderung und ist eine sehr hohe und edle Übung des Geistes. Vielleicht erheben wir uns zum höchstmöglichen Gottesdienst auf Erden, wenn wir Ihn anbeten. Nie sind wir dem Himmel näher, als wenn wir auf der Erde der Beschäftigung der Heiligen und Engel vor dem Thron folgen. Geliebte, lasst unser ganzes Leben Anbetung sein. Betet Ihn überall an durch gute Werke, eine Art der Anbetung, die so wirklich und angenehm ist wie der ehrerbietigste öffentliche Gottesdienst. Bedenkt, dass Gehorsam besser ist als Opfer. Wenn ihr als geliebte Kinder Nachahmer Gottes seid, wird sich eure Anbetung als aufrichtig erweisen. Lasst uns unsere Anbetung über den ganzen Tag ausdehnen, indem wir Lust zeigen an Gottes Geboten und Seinen Charakter nachahmen. Es ist klar, dass dieser Befehl äußerst praktisch ist. Ihr, die ihr euch rühmt, praktische Menschen zu sein, gebt acht darauf!

Diese Vorschrift behandelt uns als Kinder, als das, was wir sind. Manche Menschen sind sehr hoch und mächtig. Nach ihrem eigenen Maß gemessen, sind sie große Leute, und deshalb möchten sie Originale sein und sich einen eigenen Weg bahnen. Ihr werdet nicht aufgefordert, etwas Derartiges zu tun, euch ist der Weg gebahnt: »Seid Nachahmer!«

Dies ist eine Lehre, wie wir sie den Knaben in der Schule geben. Du, mein Junge, sollst kein Schreibsystem erfinden, du hast eine viel leichtere Aufgabe. Halte dich an die Vorschrift, ahme jeden Buchstaben, jeden Zug der Hand deines Lehrers nach. Schüler können nur durch Nachahmung lernen, und wir sind alle Schüler. Verlasst euch darauf: Wer nicht kopieren kann, der kann nicht erfinden. Wie kann ein Mensch ein Künstler werden, wenn er nicht eine Malschule besucht und von einem gewissen Meister lernt? Wenn er gut ausgebildet ist und viel Arbeit geleistet hat, mag er über seinen Meister hinauswachsen und ein Original werden, aber beginnen muss er als ein sorgfältiger Nachahmer. Hier werdet ihr eingeladen, Nachahmer zu werden, aber der Meister ist ein solcher, dass ihr nie imstande sein werdet, alles zu lernen, was Er lehren kann; ihr werdet nie vor der Notwendigkeit stehen, euch einen eigenen Weg bahnen zu müssen. Wenn ihr auch unsterblich seid, werdet ihr doch in alle Ewigkeit nie über euer Vorbild hinauskommen, denn es steht geschrieben: »Seid Nachahmer Gottes.« Hört mir zu, ihr hochstrebenden Geister! Wenn ihr unbedingt Originale sein wollt, so wäre es die wundervollste Originalität in dieser Welt, wenn eines Menschen Charakter die genaue Kopie des Charakters Gottes würde, denn er wäre Dem gleich, dessen Name »Wunderbar« ist. Als unser Herr Jesus auf Erden den Charakter Gottes darstellte, war Sein Leben so originell, dass die Welt Ihn nicht kannte. Sein Leben fiel den Menschen als das Seltsamste auf, das sie je gesehen hatten, und wenn wir genaue Nachahmer Gottes wären, würden auch unsere Charaktere hervorragen, und wir würden »vielen wie ein Wunder« vorkommen. Ihr seht, es ist eine demütigende Ermahnung, die nur von Leuten mit kindlichem Sinn beachtet werden wird, und wohlweislich wendet die Schrift sie nur an solche: »Seid darum Nachahmer Gottes als geliebte Kinder.« Wenn ihr nicht Seine Kinder seid, könnt ihr Ihn nicht nachahmen und ihr werdet es nicht einmal wünschen.

Beachtet auch, dass, während uns dieser Befehl demütigt, er uns gleichzeitig auch veredelt, denn welch erhabene Sache ist es, Nachahmer Gottes zu sein! Es ist eine Ehre, der niedrigste Nachfolger eines solchen Anführers zu sein. Es gab eine Zeit, da rühmten sich Menschen, Homer zu studieren und ihr Leben wurde durch seine kriegerischen Verse zum Heroismus erzogen. Wir haben einen weit edleren Ehrgeiz als den, uns an Schlachten zu erfreuen. Wir wünschen, den Gott des Friedens nachzuahmen, dessen Name Liebe ist. Wer versucht Gott nachzuahmen, der erhebt sich wie auf Adlers Flügeln. Wir kopieren unendliche Güte; wir trachten nach moralischer Vollkommenheit. Wir streben danach, ohne Tadel und unsträflich zu sein, aber wie Gott unendlich mehr ist als das, so möchten wir uns zu tatsächlicher Heiligkeit erheben. Vom Bösen ablassen ist nicht genug; wir müssen durch den Geist mit allem Guten erfüllt werden.

Ist das nicht ein würdiges Ziel? Urteilt selbst, was das für eine Gnade sein muss, die uns zu dieser Höhe erhebt! Gottes eingeborener Sohn, welcher heute Herr ist über alles, trägt in Seiner Herrlichkeit das Bild Seines Vaters, so wie Er schon auf Erden in Wahrheit sagen konnte: »Wer mich sieht, der sieht den Vater.« »Ich tue allezeit«, sagte Er, »was Ihm wohlgefällig ist.« Der vollkommene Sohn Gottes ist hinsichtlich der Heiligkeit wie Sein Vater. Brüder, ihr seht eure Aufgabe. Ahmt nach, aber beachtet wohl, dass ihr kein unvollkommenes Vorbild erwählt. »Seid Nachahmer Gottes als geliebte Kinder.«

Indem uns dieser Befehl veredelt, erprobt er uns auch in vielen Punkten. »Seid Nachahmer Gottes«; dies erprobt unsere Erkenntnis. Ein Mensch kann das nicht nachahmen, was er nie gesehen hat. Wer Gott nicht kennt, kann Ihn unmöglich nachahmen. Kennst du Gott, mein Zuhörer? Hast du Gemeinschaft mit Ihm in Christus? Kannst du sagen: »Ich habe den Herrn vor mir?« Wir müssen einen geistlichen Eindruck von Gott haben, sonst können wir Ihn nicht nachahmen;

deswegen benötigen wir den Heiligen Geist. Wie können wir den Herrn kennen, wenn der Geist Ihn nicht in uns offenbart?

Was mehr ist: Dieser Befehl erprobt auch unsere Liebe. Wenn wir Gott lieben, wird allein die Liebe uns drängen, Ihn nachzuahmen. Wir werden denen, die wir lieben, ähnlich. Diese Ähnlichkeit ist das natürliche Ergebnis der Liebe, und wenn wir Gott aufrichtig lieben, werden wir kraft dieser Liebe durch Seinen Heiligen Geist Ihm mehr und mehr ähnlich werden. Wenn wir den Herrn nicht lieben, werden wir Ihm auch nicht nachfolgen, aber wahre Liebe lässt uns mit David sagen: »Meine Seele hängt Dir nach, es hält mich aufrecht deine Rechte.«

Unser Text erprobt auch unsere Aufrichtigkeit. Wenn ein Mensch kein wirklicher Christ ist, wird er sich um sein Leben nicht kümmern; der Wunsch der Nachahmung aber schließt wachsame Sorgfalt in sich. Mein Freund, du kannst Gott nicht nachahmen, wenn du zu der Sorte Christen gehörst, die beständig in einem Zustand zwischen Wachen und Schlafen sind. Solche Menschen führen ein träges Leben und prüfen sich selbst nie. Sie leben aufs Geratewohl und nehmen sich nie Zeit, das Leben eines hinter ihnen liegenden Tages zu prüfen um dessen Fehler zu sehen, und so wächst bei ihnen die Sünde wie Unkraut im Garten des Faulen. Solche Personen, die mit der Heiligkeit spielen, werden sicher zurückbleiben. Wer es aber ernst damit meint, wird seine Gedanken unter viel Gebet darauf richten, dass er ein eifriger Nachahmer Gottes werde.

Weiter prüft uns diese Vorschrift auch hinsichtlich unserer Gesinnung, ob sie die des Gesetzes oder des Evangeliums ist. »Seid Nachahmer Gottes als geliebte Kinder« – keine Sklaven, die ihren Herrn unwillig und aus Furcht vor der Peitsche nachahmen, sondern liebende, willige Nachahmer, wie Kinder es sind. Ihr zwingt eure Kinder nicht, euch nachzuahmen, sie tun dies selbst in ihren Spielen. Wir können nicht zur Heiligkeit getrieben werden wie der Ochse zum Pflug; wir sollen Lust haben an Gottes Gesetz nach dem inwendigen Menschen. Der Christ ist von oben geboren, und deshalb lebt er droben. Seine Nachahmung Gottes entspringt aus der Verwandtschaft mit Gott. »Seid nun Nachahmer Gottes als geliebte Kinder«, weil ihr nichts Besseres wünscht, als eurem Vater gleich zu sein und heilig zu sein, wie Gott heilig ist, nach dem Wort: »Seid vollkommen, wie auch euer Vater im Himmel vollkommen ist.« Habt ihr diesen Geist der Kindschaft? Habt ihr ein brennendes Verlangen nach Heiligkeit? Oder ist die Sünde eure Freude und der Dienst Gottes eine Ermüdung? Wo euer Vergnügen ist, da ist euer Herz. Wenn ihr das Böse liebt, seid ihr nicht Gottes Kinder und könnt Ihm weder nachfolgen, noch Ihm wohlgefälligen Dienst leisten. Der Herr mache uns zu Seinen Nachahmern, so wie Kinder ganz natürlich dahin neigen, ihre Eltern zu kopieren.

Indem uns dieser Befehl erprobt, hilft er uns auch. Welch eine Hilfe ist es, eine deutliche Karte und einen richtigen Kompass zu haben! Wir haben nur zu fragen: »Was würde unser himmlischer Vater in diesem Fall tun?«, und unser Weg ist klar. Wir können

Gott in Seiner Kraft oder Allgegenwart oder Allwissenheit nicht nachahmen; gewisse Eigenschaften sind nicht mitteilbar, aber diese sind auch in dem Befehl nicht einbegriffen. Doch durch die Hilfe Seines Heiligen Geistes können wir Gott in Seiner Gerechtigkeit, Heiligkeit, Reinheit, Wahrheit und Treue nachahmen. Wir können herzlich, freundlich, geduldig, barmherzig und versöhnlich sein. Wir können in der Liebe wandeln, so wie Christus uns geliebt hat.

Ich will diesen ersten Teil abschließen, nachdem ich noch eine weitere Bemerkung gemacht habe. Dieser Befehl dient sehr zu unserer Nützlichkeit. »Seid nun Nachahmer Gottes als geliebte Kinder.« Ich kenne nichts, das uns unseren Mitmenschen nützlicher machen kann. Wozu sind wir in dieser Welt? Wenn wir Nachahmer Gottes sind, werden sie genötigt, sich zu erinnern, dass es einen Gott gibt, denn sie werden Seinen Charakter in uns abgespiegelt sehen. Ein echter, heiliger Christ ist ein Strahl der Herrlichkeit Gottes und ein Zeugnis von dem Wesen und der Güte Gottes. Die Menschen werden nicht vergessen, dass es einen Gott gibt, solange sie Seine Knechte sehen, die mit Heiligkeit bekleidet sind. Wir sollten nicht nur die Sorglosen erinnern, sondern durch unseren Wandel auch Lehrer der Unwissenden sein. Indem sie sehen, wie wir leben, sollten sie etwas von Gott lernen. Heilige Menschen sind die Bibeln der Welt. Die Welt liest nicht das geschriebene Testament, aber sie liest unser Zeugnis.

Brüder, eine sorgfältige Nachahmung Gottes würde unseren Glauben zu Ehren bringen. Es würde nicht so übel von dem Namen Christi geredet werden, wenn unser Leben nicht so fehlerhaft wäre. Welch eine Stütze ist es für den Prediger, wenn er ein Volk um sich hat, das täglich daheim und im Geschäft ein Zeugnis für Gott ist. Wenn der Prediger auf die Gemeinde zeigen und sagen kann: »Seht hier, was Gottes Gnade tun kann! Seht hier in dem Leben unserer Gemeindeglieder, was der Geist Gottes zustande bringen kann«, dann hat er unwiderlegbare Beweise, welche die Verächter zum Schweigen bringen. Sagt der Herr nicht:

»Ihr seid meine Zeugen?« Sind wir nicht zu dem Zweck in dieser Welt, um Zeugnis von unserem Herrn abzulegen? Wie können wir kräftig für Ihn zeugen, wenn unser Leben nicht rein ist? Ein unreiner Bekenner ist ein Hindernis für das Evangelium. Um nützlich sein zu können, müssen wir heilig sein. Darum: »Seid nun Nachahmer Gottes als geliebte Kinder.«

2. Die Motivation

Es ist die natürliche Neigung der Kinder, ihre Eltern nachzuahmen. Doch gibt es Ausnahmen, denn manche Kinder sind das Gegenteil ihres Vaters und entfalten vielleicht die Laster eines entfernteren Vorfahren. In dem Fall der Kinder Gottes ist es eine Notwendigkeit, dass sie ihrem Vater gleichen. Die gerecht und gottselig leben in Christus Jesus und an Ihn glauben, sind Kinder Gottes, und wenn auch die Gottseligen sündigen, so lieben sie doch die Sünde nicht. Heiligkeit des Lebens ist der Beweis der Wiedergeburt. »An ihren Früchten werdet ihr sie erkennen«, ist eine allgemein angewandte Regel. Kinder Gottes müssen Ihm gleich sein. Trotz ihrer Fehler und Mängel muss ihr Leben, als ein Ganzes betrachtet, Gott ähnlich sein. Ich sage zu jedem hier, der den Namen eines Christen trägt und ein Kind Gottes zu sein bekennt: Entweder gleiche deinem Vater oder gib deinen Namen auf. Ihr erinnert euch der alten klassischen Geschichte von einem Soldaten in Alexanders Armee, der auch Alexander hieß, aber immer zitterte, wenn der Kampf heftig wurde. Da sagte Alexander zu ihm: »Wie kannst du den Namen Alexander tragen? Lass entweder deine Feigheit oder deinen Namen fahren.« So sage ich zu denen, die unheilig, unrein, unfreundlich und hartherzig sind: Seid Gottes Nachahmer oder hört auf, den Namen eines Kindes Gottes zu tragen. Spiele nicht den Judas, wenn du nicht im Sinn hast, ein zweites »Kind des Verderbens« zu sein.

Die Folgerung ist also: Wenn wir Kinder sind, sollten wir unseren Vater nachahmen. Aber es heißt auch: »... als geliebte Kinder.« Ist dies nicht ein herzbewegender, aber gewaltiger Grund? Wie sehr hat Gott uns geliebt, dass Er uns erlaubt, Seine Kinder zu sein! Wunderst du dich nicht in deinem Fall darüber, dass du ein Kind Gottes heißen darfst? Sieh die Liebe, die dich erwählte, als du tot in Übertretungen und Sünden warst und die dir das Leben Gottes gab! Welch eine Liebe war es, die sich in deiner neuen Geburt und in deiner Kindschaft offenbarte – die dir die Stellung eines Kindes einräumte! Und hat ferner je ein Kind so viel Güte von seinem Vater erfahren wie du?

Konnte Er besser gegen dich handeln, als Er gehandelt hat? Ich weiß nicht, was du zu sagen hast, mein Bruder, aber dies kann ich sagen: Ich bin voll Verwunderung über Gottes Liebe zu mir. Ich bin ein Kind, das von seinem Vater sehr geliebt wird. Seine Liebe zu mir ist wunderbar. Ich bin ein großer Schuldner Seiner Gnade. Bist du es nicht auch? Dann ahme deinen Vater nach, denn je mehr ein Kind seinen Vater liebt, je mehr es ihn bewundert, desto stärker ist sein Verlangen, ihm in allen Stücken gleich zu sein.

Dieses Wort »als geliebte Kinder« hat jedoch noch einen anderen Sinn. Kinder unterscheiden sich voneinander. Ein Vater liebt alle seine Kinder, aber es kann nicht in allen Beziehungen von ihm gesagt werden, dass er sie alle gleich lieb hat, denn manche zwingen ihn, sie mehr als die anderen zu lieben. Das eine Kind macht dem Vater durch sein Verhalten wenig Freude, das andere liebt ihn von Herzen und ist bestrebt, ihm zu gefallen. Du kannst nicht anders, dein Herz hängt an diesem Kind. Mit einem Wort, es ist eines von den »geliebten Kindern«. Trapp sagt: »Gott hat aber nur wenige solcher Kinder.« Ich fürchte, dass der Ausleger recht hat und dass nur wenige den Herrn nachahmen, wie sie sollten. Brüder, seht es darauf ab! Hier liegt die Glückseligkeit, hier ist der Himmel diesseits des Himmels. Unser Herr hatte Jünger, aber von einigen sagte Er: »Wenn ihr in meinem Worte bleibet, so seid ihr wahrhaft meine Jünger.« Möge der Heilige Geist euch zu solchen machen! Seid denn Nachahmer Gottes, indem ihr geliebte Kinder seid, deren Gedanken nur darauf gerichtet sind, wie sie ihrem Vater gefallen können – deren Kummer es ist, Ihn zu betrüben – deren Schönheit es ist, Ihm gleich zu sein.

3. Eine Ermutigung

Ich hörte jemand sagen: »O, diese Nachahmung Gottes geht über unsere Kraft hinaus!« Ich will euch ermutigen durch einige Winke, die ihr selber weiter verfolgen könnt.

Zunächst, Gott hat euch bereits zu Seinen Kindern gemacht. Ich spreche zu euch, die ihr Gläubige seid. Ihr seid Söhne Gottes. Ihr hättet euch nicht zu Kindern Gottes machen können, aber Er hat es getan. »Geliebte, nun sind wir Kinder Gottes.« Es muss viel leichter sein, den Vater nachzuahmen, als ein Kind zu werden. Ihr mögt ein Kind adoptieren, aber der Herr hat uns »wiedergeboren zu einer lebendigen Hoffnung«. Sollte das Kind nicht seinen Vater nachahmen? Wird das nicht ganz natürlich sein?

Dann beachtet, dass Gott euch bereits Seine Natur gegeben hat. Sagt nicht Petrus, dass wir »teilhaftig geworden sind der göttlichen Natur, indem wir entflohen sind dem Verderben, das in der Welt ist durch die Lust«? Es bleibt für euch übrig, die neue Natur nach ihrer eigenen Weise handeln zu lassen. Lasst nun das Heilige, das in euch geboren ist, den Thron einnehmen und bittet Gott, dass es geschieht. Der lebendige und unvergängliche Same wird eine Ernte guter Werke hervorbringen; begießt ihn mit euren Gebeten und umsorgt ihn mit eurer Wachsamkeit.

Dann hat euch der Herr Seinen guten Geist gegeben, um euch zu helfen. »Gleicherweise hilft der Geist unserer Schwachheit auf.« Vergesst das nie. Was Menschen unmöglich ist, ist dem Geist Gottes möglich. Die schönste Harfe, die ihr je gesehen habt, macht von selbst keine Musik, sondern muss von den Fingern eines Musikers berührt werden; aber der Heilige Geist macht uns zu lebendigen Harfen, die unter Seiner Leitung eine gottgeweihte Melodie hervorbringen. Ist das nicht wunderbar? O, erfüllt zu sein mit dem Geist Gottes! Es ist eine große Hilfe in der Nachahmung Gottes, die Salbung von Dem zu haben, der heilig ist, und von Ihm belehrt zu werden. Der Heilige Geist ist der Geist Gottes, und Er kann uns wie kein anderer lehren, Gott nachzuahmen. Er ist auch der Geist der Heiligkeit und kein anderer kann unsere Heiligkeit besser fördern. Seid guten Mutes! Mit solchem Helfer könnt ihr nicht unterliegen.

Denke ferner daran, lieber Bruder, dass der Herr dir gestattet, mit Ihm Gemeinschaft zu haben. Wenn wir jemand nachahmen sollten, den wir nicht sehen, würden wir das sehr schwer finden. In diesem Fall aber können wir uns zu Gott halten. Einige von uns können die Tür ihres Kämmerleins hinter sich schließen und mit Gott allein sein und wenn wir wollen, können wir den ganzen Tag mit Gott wandeln. Könntet ihr euch noch bessere Bedingungen vorstellen um Gott nachzuahmen? In Gottes Nähe leben macht uns Ihm ähnlich. Je mehr du Gott erkennst, desto mehr vom Willen Gottes wird in deinem Leben gesehen werden. Wenn du in Zeiten der Stille viel mit Gott umgehst und in allen Geschäften des Lebens bei Ihm bleibst, wirst du in Sein Bild verwandelt werden. So gewiss wie das Siegel sich selbst dem Lack einprägt, wird der Herr Sein Bild in dir einprägen, wenn du in Ihm bleibst.

Es sollte dich auch mit heiligem Eifer erfüllen, zu bedenken, dass du Gott nachzuahmen hast. Es ist eine der größten Wonnen des Himmels, Christus gleich zu sein, denn wir werden Ihn sehen, wie Er ist. Vor Seinem Thron sind wir ohne Fehler. Sein Name wird an unseren Stirnen sein. Das bedeutet, der Charakter Gottes wird an uns sichtbar sein. Gewiss, was ewig unsere Bestimmung ist, sollte heute unser Verlangen sein. Wir sollten ringen nach Heiligkeit – nach der Kraft dessen, der in uns mächtig wirkt.

4. Einige Schlussfolgerungen

Teure Freunde, ist jemand unter euch, der meint, Gott werde ihm Seine Verheißung nicht erfüllen? Hör mir zu. Gott ist uns ein Vorbild, darum wird Er gewiss Sein Wort halten. Er muss treu und wahrhaftig sein, denn du wirst aufgefordert, Ihn nachzuahmen. Wenn Gott Seinem Worte untreu werden könnte, würden wir nicht ermahnt werden, Ihn nachzuahmen, und darum sind wir gewiss, dass Er treu und wahrhaftig ist, weil wir aufgefordert werden, Ihn genau nachzuahmen. »Gott ist nicht ungerecht, eures Werkes zu vergessen und der Liebe, die ihr gegen seinen Namen bewiesen« (Hebr. 6,10).

Eine andere Folgerung ist diese: Wenn ihr aufgefordert werdet, »Nachahmer Gottes als geliebte Kinder« zu sein, dann könnt ihr euch darauf verlassen, dass Gott ein liebender Vater ist. Die geliebten Kinder Gottes haben einen liebenden Vater. Wir dürfen versichert sein, dass Er freundlich und zartfühlend gegen uns sein wird, weil Er will, dass wir voller Liebe zu Ihm sein sollen. Ich weiß, ihr seid zur Zeit bedrückt und betrübt, aber euer Vater ist freundlich und gut. Glaubt es, wenn ihr es nicht sehen könnt. Wenn die Vernunft sagt, dass Er etwas hart gegen euch handelt, weil Er euch züchtigt, so bedenkt, dass dies Seine Weise Seinen Geliebten gegenüber ist. Hat Er nicht gesagt: »Welche ich liebhabe, die strafe und züchtige ich?« Diese Schläge sind Siegel der Liebe. Euer himmlischer Vater ist viel besser gegen euch, als ihr gegen Ihn seid. Er ist als Vater liebevoller und herzlicher, als ihr es als Kinder Ihm gegenüber gewesen seid. Freut euch über euren Vater, obwohl ihr euch nicht über euch freuen könnt.

Abschließend noch einen Gedanken. Wenn der Text sagt: »Seid nun Nachahmer Gottes«, gebietet er uns, Ihn nachzuahmen, solange wir leben. Daraus schließe ich, dass Gott uns stets bleiben wird, was Er ist. Er wird uns weiterlieben, weil Er diese Liebe zum Vorbild der unseren macht. Gott wird darin ausharren, uns zum Himmel zu führen, denn Er lehrt uns, auszuharren. Der Herr wird Sein Herz nicht von uns abwenden, nachdem Er begonnen hat, uns für den Himmel tüchtig zu machen und wird Seine Hand nicht zurückziehen, bis das Werk vollendet ist. Darum verlasst euch auf die unwandelbare Güte eures Vaters und bittet um die Gnade, Ihn immer mehr nachahmen zu können, bis ihr dahin kommt, Sein Angesicht zu sehen. Möge Seine Gegenwart euch begleiten und Sein Angesicht euch Frieden geben! Amen.

Lichter in der Welt

»Tut alles ohne Murren und zweifelnde Überlegungen, auf dass ihr tadellos und lauter seid, unbescholtene Kinder Gottes, inmitten eines verdrehten und verkehrten Geschlechts, unter welchem ihr scheinet wie Lichter in der Welt, darstellend das Wort des Lebens, mir zum Ruhm auf den Tag Christi, dass ich nicht vergeblich gelaufen bin, noch auch vergeblich gearbeitet habe.«

Philipper 2,14-16

Wir sind weit von der Wahrheit entfernt, wenn wir uns einbilden, dass die Vorschriften des Evangeliums zur Zeit der Apostel ernster waren als in unseren Tagen! Da die ersten Bekehrten aus den Gräueln des Heidentums herauskamen, hätte man vielleicht mehr Nachsicht haben können. Da aber diese Leute, die aus dem Sumpf der heidnischen Gräuel und Zügellosigkeiten herauskamen, dennoch zu dem erhabensten heiligen Leben veranlasst wurden, wie viel mehr haben wir dann einen hohen Stand christlicher Vollkommenheit zu erstreben, ein göttliches Leben zu führen und treue Nachfolger Christi zu sein.

Möge Gott uns helfen, heute die Ansprache zu hören, die der Apostel der Gemeinde zu Philippi hielt; möchten wir deren ganze Kraft in unserem Gewissen fühlen und deren vollen Sinn in unserem Leben verkörpern!

Damit gehe ich zu dem Gegenstand über, den ich euch heute ans Herz legen möchte. Ich wünsche, dass jeder Gläubige hier darauf achtet, hinfort inmitten der Finsternis dieser Welt als ein Licht zu leuchten und denen Licht zu geben, die in seinen Einflussbereich kommen.

1. Es geht um ein öffentliches Zeugnis

Der Text sagt, dass wir Lichter sein sollen. Wie können wir aber Lichter sein, ohne gesehen zu werden, und welchen Nutzen würden wir bringen, wenn wir unsichtbare Lichter wären?

Dann sollen wir scheinen, und wie können wir scheinen, wenn nicht irgendein Strahl von uns ausgeht, und wenn wir überhaupt nicht als Christen erkannt werden können? Dann aber, wo sollen wir als Lichter scheinen? In unseren Häusern? »In der Welt!« Gewiss müssen wir in unseren eigenen Familien scheinen; aber wenn wir sind, was wir sein sollen, müssen wir Lichter »in der Welt« sein.

Diese drei Aspekte – Lichter, scheinende Lichter und Lichter in der Welt – lehren ganz deutlich, dass ein Christ Kontakt mit der Außenwelt haben muss und dass es ihm kaum möglich ist, seine Aufgabe zu lösen, wenn er in einer solchen Zurückgezogenheit und Verborgenheit lebt, in welcher er nie als Christ erkannt werden kann.

Manche schüchternen Herzen scheuen sich, ihren Glauben zu zeigen und trösten sich gerne mit Nikodemus, bedenken aber nicht, dass Nikodemus mehr als Warnung denn als Beispiel anzusehen ist. Im Gegensatz zu ihnen suchten die Pharisäer gerne die Öffentlichkeit auf. Sie konnten keine Almosen geben und nicht beten, ohne die Blicke anderer auf sich zu lenken. Die Welt hat dieses Blendwerk längst durchschaut. Wir denken von den Leuten, die auf der Straße beten, dass sie nirgendwo anders beten und von denen, die ihre Mildtätigkeit öffentlich zeigen, dass sie alles zeigen, was sie überhaupt zu zeigen haben. Aber während wir uns vor dem Stolz der Pharisäer hüten, müssen wir uns vorsehen, dass wir nicht ins entgegengesetzte Extrem geraten. »Darf ich ein gutes Wort für Christus einlegen, ohne dass jemand sagen kann, ich sei stolz?« In dieser Sache wird euer eigenes Gewissen euer Führer sein. Wenn ihr in euch einen Wunsch entdeckt, euch selbst zu verherrlichen, dann ist es falsch, euren Glauben überhaupt öffentlich zu zeigen. Und wenn ihr entdeckt, dass ihr euch zurückhaltet, um für euch selbst einen leichteren Weg zu haben, so ist es verkehrt, euer Christentum zu verbergen. Wenn euer Gewissen erleuchtet ist, wird es euch stets sagen, wann ihr in der Gefahr steht, einerseits prahlerisch und andererseits feige zu handeln. Ich finde es nicht schwierig, zwischen dieser Scylla und Charybdis hindurch zu steuern. Ein Mensch mit etwas Weisheit wird bald erkennen, was er tun sollte. Aber ich bitte euch, macht den Stolz der Pharisäer nicht zu einer Entschuldigung eurer Feigheit; sagt nie: »Ich liebe es nicht, ein Bekenntnis abzulegen, weil es so viele Heuchler gibt!« Ihr habt umso mehr Ursache, ein Bekenntnis abzulegen, um zu zeigen, dass es noch aufrichtige Herzen gibt. Sagt nicht: »Ich möchte es nicht, weil ich fürchte, dass man mich für stolz halten könnte!« Warum solltest du dir dadurch eine Schlinge legen lassen? Ist es nicht deine Aufgabe, Gott mehr zu gehorchen als den Menschen?

Ich kann Christi Worte: »Eine Stadt, die oben auf dem Berge liegt, kann nicht verborgen sein«; oder: »Also lasset euer Licht leuchten vor den Menschen, damit sie eure guten Werke sehen und euren Vater, der in den Himmeln ist, verherrlichen«; oder: »Denn mit dem Herzen wird geglaubt zur Gerechtigkeit, und mit dem Munde wird bekannt zum Heil«, nicht verstehen, wenn ihr euren Glauben nicht bekennt, sondern euer Christentum im Verborgenen bewahrt und verstohlen zum Himmel pilgert.

Jeder Christ hat ein öffentliches Bekenntnis seines Glaubens abzulegen. Er sollte vor der Welt aufstehen und erklären, dass er dem Herrn angehört.

Es gibt eine Vorschrift, welche Gott selbst angeordnet hat, durch welche er in geeigneter Weise dieses Bekenntnis ablegen kann. Er sollte im Namen des Vaters, des Sohnes und des Heiligen Geistes ins Wasser untergetaucht werden, sodass er öffentlich im Wasser begraben wird, um zu zeigen, dass er der Welt gestorben ist. Wenn er aus dem Wasser herauskommt, sollte er bezeugen, dass er als Resultat der Auferstehung Christi von den Toten ein neues Leben zu führen hofft. Wenn ihr ehrlich und wahr sein wollt, müsst ihr auf die Aufforderung des Herrn: »Her zu mir, wer dem Herrn angehört«, hervortreten und sagen: »Hier bin ich, Herr; ich bin Dein Knecht, und ich möchte Dir bis ans Ende dienen.«

Ihr solltet auch beständig mit Gottes Volk in Verbindung stehen. Wir stellen fest, dass in den Tagen der Apostel die Gläubigen der Gemeinde hinzugetan wurden. Das Christentum fordert von euch, dass ihr euch mit denen verbindet, die mit Christus verbunden sind. Wenn die Gemeinde die Braut Jesu Christi ist, solltet ihr suchen, sowohl ein Glied der sichtbaren wie der unsichtbaren Gemeinde zu sein, besonders ihr, die ihr vor kurzem bekehrt worden seid, denn es dient zu eurem Besten und gereicht der Gemeinde zum Trost.

Außer dieser Gemeinschaft mit Christen sollte euer Christentum in eurem täglichen Leben gezeigt werden. Es leuchtet nicht alles, was wir sagen – das kann möglicherweise nur Feuerwerk sein –, sondern es ist unser tägliches Tun, welches den in uns wohnenden Christus ausstrahlen lässt und so nach außen scheint. Jeder muss in seiner eigenen Sphäre die zu übertreffen suchen, die nicht in Christus sind, sodass wir den Ungläubigen im gleichen Fach weit vorgezogen werden.

Aber um als Lichter zu scheinen, müssen wir unserem Wandel das offene Zeugnis unserer Worte hinzufügen. Ich gebe nicht einen verrosteten Nagel für euren Glauben, wenn ihr darüber schweigen könnt. Wovon das Herz voll ist, das liegt gewöhnlich auch auf der Zunge. Ihr müsst durch das Wort eures Mundes beständig zeugen, die Unwissenden belehren, die Sorglosen warnen, die Abgewichenen zurückbringen und die Irrenden zum Kreuz führen. Ihr werdet viele

Gelegenheiten haben, nutzt sie alle aus und so werdet ihr scheinen als Lichter in der Welt. Es gibt Zeiten, in denen ihr ohne eine sehr kühne und ernste Entscheidung für Christus nicht scheinen könnt. Wenn wir in solchen Zeiten, da von unserem Zeugnis vieles abhängt, schwanken oder zögern, werden wir sofort zu Verrätern. Achtet daher darauf, dass ihr dann stets sofort und konsequent eurem Herrn nachfolgt.

Ein offenes Bekenntnis, eine lebendige Verbindung mit der christlichen Gemeinde, ein beständiges gottseliges Leben und eine wohlüberlegte Entschiedenheit sind wir unserer Umgebung schuldig.

2. *Die Auswirkungen*

Worin besteht der Nutzen der Christen als Lichter?

Wir brauchen Licht, um offenbar zu machen. Ein Christ sollte in seinem Leben so scheinen, dass die, welche in seine Nähe kommen, in seinem Leben ihren eigenen Charakter, ihre eigenen Sünden, ihren verlorenen Zustand sehen können. Er sollte so leben, dass eine Person nicht eine Woche mit ihm zusammen sein kann, ohne das Evangelium kennen zulernen. Sein Reden und sein Wandel sollten derartig sein, dass alle, die um ihn her sind, den Weg zum Himmel verstehen können. Dinge, welche die Menschen nicht sehen wollen und ohne ihn nicht sehen können, sollten da, wo er ist, sehr deutlich werden.

Die Menschen lesen manchmal ihre Bibeln, und sie verstehen die Bibel nicht, weil es ihnen am Licht fehlt. Gleich Philippus sollten wir bereit sein, uns auf den Wagen zu setzen, um den Reisenden zu belehren und den Sinn und die Kraft des Wortes Gottes, den Weg des Heils, das Leben der Gottseligkeit und die Macht des Wortes offenbar zu machen. Darf ich jeden einzelnen unter euch fragen, ob ihr dazu beigetragen habt, dass Menschen das Evangelium besser verstehen? »Nein«, sagt der eine, »das habe ich dem Prediger überlassen.« Dann hast du deine Pflicht vernachlässigt; bereue deine große Sünde und bitte Gott, dir zu helfen, dass du allen, mit denen du zusammenkommst, ihre Sünde und die Liebe des Heilands klar machen kannst.

Die nächste Aufgabe des Lichtes ist, den Weg zu weisen. Der Seefahrer versteht das. Jeder Christ sollte einen Teil der Lebensreise beleuchten, und nicht eine Gasse sollte ohne sein Licht sein. Herrlicher Polarstern! Wie mancher Sklave ist durch die Sümpfe und Wälder des Südens hinauf zum Land der Freiheit geführt worden! Und selig bist du, Christ, wenn dein Licht irgendeine Seele zu Jesus in die Freiheit geführt hat, wo der Sklave seine Fesseln nie wieder zu tragen braucht. Ich hoffe, dass ihr oft, auch wenn andere Menschen es kaum ahnten, euren Mitmenschen den Weg zu Christus gezeigt habt, indem ihr sagtet: »Siehe, das ist Gottes Lamm!«

Lichter werden auch zur Warnung gebraucht. Wo Felsen und Sandbänke sind, da werden Leuchttürme errichtet. Christen sollten wissen, dass es in der Welt überall eine Menge falscher Lichter gibt. Die Zerstörer des Satans sind überall tätig, um die Menschen zur

Sünde zu versuchen, indem sie ihnen Vergnügen versprechen. Sie stecken das falsche Licht auf. Es ist eure und meine Aufgabe, auf jedem gefährlichen Felsen ein rechtes Licht anzuzünden, jede Sünde zu kennzeichnen und zu sagen, wohin sie führt, damit wir so, indem wir als Lichter in der Welt scheinen, rein sind von dem Blute der Menschen.

Lichter haben auch einen tröstlichen Einfluss, und das trifft auch bei Christen zu. Neulich hatten wir spät abends in einem Park, nicht weit von London entfernt, unseren Weg verloren. Wir gingen dahin und wussten nicht, wo wir waren. Da sagte einer: »Da drüben ist ein Licht«, und ich kann euch nicht sagen, welche Quelle des Trostes jenes Licht in dem Fenster einer Hütte für uns wurde. Ein Licht im Dunkeln gewährt wirklich großen Trost. Ein Christ sollte solch ein Tröster sein. Mit freundlichen Worten auf seinen Lippen und Mitgefühl in seinem Herzen sollte er für die Leidenden ein tröstendes Licht sein.

Das Licht hat auch seine Aufgabe in der Bestrafung der Sünde. Ich denke, unsere Gasflammen auf der Straße sind die beste Polizei, die wir haben. Wenn jene Flammen nicht da wären, hätten wir zehnmal so viel Wächter nötig und es gäbe viel mehr Verbrechen. Woher kommt es, dass Diebe das Licht nicht mögen? Weil sie ihre dunklen Taten nur im Finstern tun können. Und wie kommt es, dass gottlose Menschen die Christen nicht leiden mögen? Nun, weil sie sich gestraft fühlen. Wie Lichter dazu beitragen, eine Stadt zu sichern und den Räubereien und den Verbrechen zu wehren, so werden Christen, wenn sie in genügender Anzahl auf die Umwelt einwirken können, die Sünde einschränken. Zumindest werden sie die Sünder zwingen, sich in dem Schatten der Nacht zu verbergen.

Aber der Christ ist in einem ganz besonderen Sinn ein Licht: Er ist ein Licht, das Leben in sich hat. Richtet das Licht der Laterne auf das Angesicht eines Toten und ihr werdet es kalt und weiß sehen wie den Marmor. Richtet das Licht direkt auf sein Auge; er sieht nicht und ihr könnt ihn durch die Kraft eines irdischen Lichtes nicht lebendig machen.

Aber der Gläubige ist Gottes Leuchte, voll des Heiligen Geistes, und es geschieht oft, dass Gott durch unser Zeugnis ein Licht in die Augen der Toten bringen lässt, welches sie lebendig macht, sodass die Finsternis des Todes dem Glanz der Herrlichkeit Platz macht und die mitternächtliche Dunkelheit des Geistes vor der aufgehenden Sonne der Gerechtigkeit flieht.

So habe ich den Zweck dieser Lichter angedeutet und indem ich diesen Punkt abschließe, kann ich nur sagen: Mich soll's wundern, was ein Christ überhaupt nützt, wenn er nicht als ein Licht der Welt nützlich ist. Er hat einen Schatz, aber er häuft ihn auf. Was nutzen die Geizhälse, solange sie leben? Sie sind erst von Nutzen, wenn sie sterben. Dann wird das Vermögen hervorgeholt und verteilt, und vielleicht haben die einen Nutzen, die einen Teil davon erhalten.

Wer Gold aufsammelt, ist ein Elender, aber was ist der, welcher Brot aufhäuft? Die Welt liegt im Sterben, und sie häufen das Brot des Lebens auf! Sie selbst können es nicht genießen, aber sie geben es auch den anderen nicht. Ein Glaube, der für andere kein Segen ist, ist auch kein Segen für mich. Ich häufe nur eine Masse Verwesung auf, sie nützt meiner Seele nichts, denn sonst würde sie mich nötigen, anderen Gutes zu tun. Aber sie stauen das lebendige Wasser auf und dämmen den Strom ein, sodass er nur genug für sie enthält, und was wird aus dem Strom? Er wird von Gras und Kraut bedeckt. Er erzeugt Krankheitserreger und wird stinkend, und allerlei ekelhaftes Gewürm regt sich darin. Sie sind noch törichter, denn sie versuchen das Licht einzufangen, als ob sie weniger haben würden, wenn sie es anderen zukommen ließen. Licht ansammeln, als ob es nur wenig davon gäbe! Schimpflich! Teuflisch! Ich wünschte, es gäbe noch ein stärkeres Wort als dies. »Wenn jemand den Herrn Jesus Christus nicht lieb hat, der sei Anathema«, sagt Paulus. Und ich frage mich, ob dieses schreckliche Anathema nicht die in sich schließt, welche die Seelen nicht lieben und damit beweisen, dass sie Christus nicht lieben, denn wenn sie Christus liebten, müssten sie die Sünder lieben. Wenn sie Jesus liebten, müssten sie bestrebt sein, Sein Reich auszubreiten, damit Er die Frucht der Mühsal Seiner Seele sehen könnte.

3. Unser Arbeitsfeld

»Aber«, sagt jemand, »ich kann nicht scheinen; es hat keinen Zweck, darüber zu sprechen, denn ich befinde mich in einer Lage, in welcher ich nichts Gutes ausrichten kann.«

Der Apostel wusste das, denn er sagt: »Inmitten eines verdrehten und verkehrten Geschlechts.« »Wenn ich da herauskommen könnte«, sagt jemand, »so könnte ich der Sache des Herrn dienen, aber wo ich bin, kann ich es nicht.« Aber, lieber Freund, du sollst da noch nicht herauskommen, sondern sollst da für deinen Herrn sprechen, wo du bist. Inmitten des verdrehten und verkehrten Geschlechtes sollst du scheinen als ein Licht in der Welt.

Deine Stellung lehrt dich dreierlei. Zunächst sollte sie dir ein Ansporn sein. Je schlimmer die Leute sind, unter denen du lebst, umso mehr bedürfen sie deiner Anstrengungen. Wenn sie verdreht sind, so ist es umso nötiger, dass sie zurechtgewiesen werden. Wenn sie verkehrt sind, so haben sie es umso nötiger, dass ihre stolzen Herzen der Wahrheit zugewandt werden. Je schlimmer deine Stellung ist, desto dankbarer solltest du dafür sein, dass du dich darin befindest. Wo sollte der Arzt sein, wenn nicht da, wo viele krank sind? Wo anders kann der Soldat Ehre und Auszeichnungen gewinnen, als in der heißesten Schlacht? Tadle deine Stellung nicht, wenn du ein unnützer Knecht bist, sondern tadle dich selbst. Wenn du es schwer findest, da Gutes zu tun, wo du bist, so wird es anderswo viel schwerer werden. Träge Arbeiter suchen die Fehler bei ihren Werkzeugen und Arbeitgebern. Wenn du einen Baum verpflanzt, um ihn fruchtbarer zu machen, so mag dir das möglicherweise gelingen, aber in neun von zehn Fällen wirst du ihn endgültig zum Absterben bringen.

Weiter: Da du in einer solchen Stellung bist, so lass dir das zur Warnung und Vorsicht dienen. Es ist ein verdrehtes und verkehrtes Geschlecht, darum wundere dich nicht, wenn sie dein Licht hassen und versuchen, es auszulöschen. Sei umso mehr auf der Hut, dass du ihnen nicht unnötiges Ärgernis gibst. Lass deine Untadeligkeit der einzige Fehler sein, den sie an dir finden können. Bitte den Herrn, deine Lampe gut geschmückt für dich zu erhalten. Flehe Ihn an, dass Er dich vor ihrem boshaften Atem schützt. Sei umso mehr besorgt, eine innige Gemeinschaft mit Christus zu pflegen, weil ein verkehrtes Geschlecht dich gerne von Ihm weglocken will. Versuche nicht, Menschen zu gefallen und mache nicht die Meinung dieses Geschlechts zu deiner Regel, denn sie ist sehr krumm.

Es amüsiert einen oft festzustellen, wie man öffentlich dafür getadelt wird, dass man etwas tut, dessen Gegenteil in der Woche zuvor so scharf getadelt wurde. Und in demselben Zeitungsartikel wirst du heute den Schreiber dabei ertappen, dass er ungehalten ist über das, was du getan hast, und dann wieder darüber ungehalten über dich ist, dass du es nicht noch einmal getan hast. Es ist ein verdrehtes und verkehrtes Geschlecht, und der Mensch, der sich bemüht, Menschen zu gefallen, wird sich bald in einem Labyrinth seltsamster Art befinden; er wird sein ganzes Leben lang ein elender Kriecher und wird bis zu seinem Tod ein verächtlicher Heuchler sein. Suche du dem Herrn zu gefallen, und dann lass die Menschen sich selber gefallen.

Noch eins: Während die Augen des verkehrten Geschlechts dir ein Antrieb und zugleich eine Warnung sein sollten, vergiss nicht den reichen Trost, der dir durch den Umstand wird, dass alle Gläubigen stets die gleiche Trübsal zu erdulden hatten. Befindest du dich inmitten eines verkehrten Geschlechts? Paulus war es auch, die Gemeinde zu Philippi und alle Gläubigen waren es ebenfalls.

Bedenke, dass du deine Krone ebenso in einem nicht selbsterwählten Kampf gewinnen musst, wie sie es auch mussten. Sie wurden nicht auf Daunenbetten in den Himmel getragen und du darfst nicht erwarten eine leichtere Pilgerreise zu haben. Sie hatten in dem ernsten Kampf ihr Leben in den Tod zu geben, und du wirst nicht gekrönt werden, wenn du dich nicht als ein guter Streiter Jesu Christi erwiesen hast. Wenn dein Pilgerweg der der Apostel und Propheten ist, darf er nicht glatt und eben sein. Weiche Kleider, kostbare Speisen und bequeme Ruhe gehören zu den Palästen der Erde, dürfen aber nicht von denen erwartet werden, die zu der Schar derer gehören, die außerhalb des Lagers sind und ihres Herrn Schmach tragen. Ich bitte euch, ihr Knechte des Herrn, besonders euch, die ihr Glieder dieser Gemeinde seid, steht fest, wacht und ringt. Seid fest und unbeweglich und überströmend in dem Werk des Herrn.

4. Der Beweggrund des Paulus

Der Apostel hatte die Gemeinde zu Philippi gegründet. Er hatte mit großer Sorge über sie gewacht, hatte gepflanzt und begossen und wartete nun auf das Gedeihen. Er appellierte deshalb an die Liebe, die sie zu ihm hatten. »Ich bin gelaufen«, sagte er, »und viele von denen, die zusahen, haben mich gehasst und verspottet. Ich bin gelaufen mit aller Kraft; wollt ihr, dass ich umsonst gelaufen bin?« »Ich habe gearbeitet, ich habe mehr gearbeitet als sie alle«, konnte der Apostel sagen, »wollt ihr, dass ich für nichts gearbeitet habe?«

Er wusste, dass ihre Antwort lauten würde: »Nein, geliebter Paulus, wir wollen gerne, dass du den Preis erringst, um deswillen du gelaufen bist, und dass du die Frucht erntest, um welche du gearbeitet hast.« »Nun«, mochte der Apostel hinzufügen, »aber das kann ich nicht, es sei denn, ihr scheinet als Lichter in der Welt. Ihr werdet meine Hoffnungen enttäuschen und mir den Preis entreißen und werdet mich mit Angst erfüllen, wenn ihr nicht heilige, himmlisch gesinnte Zeugen Christi seid.«

Ich gebrauche dieselben Gründe bei euch, denn auf die Fremden hier wird das keinen Einfluss haben. Eine große Schar von euch wurde hier durch die Predigt des Wortes zu Christus gebracht und wenn nicht hier, dann in Park Street oder in Surrey Gardens oder in Exeter Hall. Wie viele von den hier Versammelten haben zuerst von meinen Lippen von Jesus gehört! Das Wort wurde schwach und in sehr einfacher Sprache damals wie jetzt verkündigt; aber der Herr bekannte sich dazu in der Bekehrung nicht nur von zehn oder zwanzig, sondern von Hunderten, ja von Tausenden und nicht nur unter euch, sondern unter Menschen in allen Ländern. Gott ist mit uns, und Er hat keines Seiner Worte zur Erde fallen lassen. Was aber, wenn ihr als Gemeinde träge und müßig seid? Was aber, wenn euer Leben unheilig ist, wenn euch Eifer und Glaube fehlt, um von Christus zu zeugen? Was dann? Dann werden meine besten Erwartungen vernichtet, dann ist mein Leben ein Fehlschlag gewesen; alles, was ich getan habe, scheint umsonst.

Ich habe in meinem Herzen gedacht und habe es ernstlich von meinem Gott erbeten, dass es geschehen möchte, dass hier ein großes Heer sein beständiges Quartier und seine Erziehung finden möchte, und dass der Herr euch wie ein siegreiches Heer über alle Gebiete der Welt verteile, um zu lehren und zu zeugen und für Christus zu sprechen, zu leben und zu arbeiten. Ich bitte darum, und ihr werdet euch vereinigen und mit mir darum bitten.

Ihr, die ihr kein Verlangen spürt, den Meister zu ehren; ihr, die ihr euch um die Ausbreitung Seines Reiches nicht bemüht und nicht kümmert; ihr, die ihr damit zufrieden seid, den Kopf hängen zu lassen und euch des Heilandes nicht rühmt – bleibt fern und unterstützt uns nicht. Aber ihr, die ihr Sein Reich bauen möchtet, ihr, die ihr Seinen Namen liebt, ihr, die ihr Schuldner Seiner Gnade seid – helft Seiner Sache überall als ein hingebendes, opferwilliges und heiliges Volk. Um Christi willen bitte ich es von euch, und ihr werdet es mir nicht versagen. Gott segne euch um Seines Sohnes willen! Amen.

Die Wichtigkeit der »kleinen Dinge«

»So machte der Herr, unser Gott, einen Bruch unter uns, weil wir ihn nicht suchten nach der Vorschrift.«
1. Chronika 15,13

Die Bundeslade war eine Art Kasten aus Akazienholz, von innen und außen vergoldet. In dieser Lade wurden die steinernen Tafeln aufbewahrt, die Mose auf dem Berg aus der Hand Gottes empfing. Auch der Krug mit Manna und der Stab Aarons wurden darin aufbewahrt. Auf dem Deckel waren Cherubim dargestellt, und wenn die Lade ruhte, zeigte sich zwischen den Flügeln der Cherubim jenes wunderbare, helle Licht, die Schechinah, welche das Zeichen der Gegenwart des Allerhöchsten war.

Wie ihr wisst, wurde der Deckel der Lade der Gnadenstuhl genannt. Diese Lade war in dem symbolischen Gottesdienst der Israeliten eines der heiligsten Dinge, weil sie der Ausdruck der Gegenwart Gottes unter ihnen war; denn wo diese Lade war, da weilte Gott. Der Deckel, Gnadenstuhl genannt, war die Darstellung Jesu Christi, der unsere Bundeslade ist, in welchem Gott unter den Menschen wohnte, und Er ist unser Gnadenstuhl, durch welchen wir Zugang zu Gott, unserem Vater, haben.

Ihr wisst, dass die Lade sorgfältig im Allerheiligsten der Stiftshütte aufbewahrt wurde, in welches niemand eintrat als nur der Hohepriester einmal im Jahr, und auch dieser nie ohne Blut. Mit seiner Räucherpfanne bildete er eine dichte Wolke von Rauchwerk, und indem er den Gnadenstuhl mit Blut besprengte, wagte er es, sich ihm zu nähern, jedoch nicht ohne Blut. Wenn die Lade weiterbefördert wurde, musste sie ganz bedeckt sein, sodass kein menschliches Auge sie sehen konnte, und dann wurde sie an vergoldeten Stäben auf den Schultern der Leviten getragen. Angesichts der Lade trat der Jordan zurück, sodass die Kinder Israel, als sie in Kanaan einzogen, hindurchgehen konnten.

In einer trüben Zeit wurde die Lade von den Philistern geraubt; als sie diese aber in ihr Land brachten, wurden, wohin sie auch kam, die Philister mit Plagen geschlagen, sodass sie genötigt waren, sie wieder zurückzugeben.

Sie stellten die gefürchtete Beute auf einen neuen Wagen und ließen die Rinder ziehen, wohin sie wollten und durch Gottes Vorsehung kam die Lade nach Beth-Semes. Die Leute von Beth-Semes ließen sich durch ihre bösartige Neugierde verleiten, den Deckel aufzuheben und hineinzusehen, und die Folge dieser gottlosen Vermessenheit war, dass viele getötet wurden.

Die Lade wurde dann nach Kirjath-Jearim in das Haus eines Abinadab gebracht, wo sie bis zu den Tagen Davids blieb. David hatte den Wunsch, sie in die Stiftshütte zu bringen, die er auf dem Berg Zion errichtet hatte. Die Boten durcheilten das Land und luden die Stämme Israels und die Kinder Juda ein, die

Bundeslade unter Freudenmusik heraufzubringen. Und sie kamen aus allen Städten. Aber das göttliche Gesetz vergessend, nahmen sie die Lade und stellten sie auf einen neuen Wagen, den sie zu diesem Zweck gemacht hatten. Vielleicht dachten sie, dass sie zu schwer sei, um von den Priestern meilenweit getragen werden zu können, oder aber sie hatten das göttliche Gesetz ganz vergessen und ahmten das Beispiel der Philister nach.

Es ist eine schlimme Zeit für das Volk Gottes, wenn es sein eigenes Urteil aufstellt und es unterlässt, dem göttlichen Gesetz unbedingten Gehorsam zu leisten. Die Lade wurde von Rindern gezogen, und da es im Morgenland keine gebahnten Wege gab, sondern nur hier und da eine Wagenspur, so ging der Wagen einmal schief, und die Lade schwankte, und als sie auf den Platz Chidon kamen, wo der Weg besonders uneben sein mochte, kippte der Wagen fast um, und die Lade drohte herunterzufallen. So dachte wohl Ussa, er streckte seine Hand aus, fasste die Lade an, um sie zu halten und wurde auf der Stelle geschlagen und starb daselbst vor Gott. Die Prozession blieb stehen, und statt des Freudenjubels gab es Kummer und Tränen, und selbst der König schien seinem Gott zu zürnen, weil er dachte, dass Gott hart gegen sein Volk handelte.

Ihr habt das Bild nun vor euch. Ich möchte euch bitten, zuerst darauf einzugehen, um gewisse Wahrheiten hervorzuheben, die es nach meiner Ansicht lehrt, und dann das Bild als ein Ganzes zu überblicken, um dessen volle Bedeutung zu erfassen.

Gott urteilt über Sünde anders als wir

Die erste Bemerkung, die ich darüber mache, ist, dass Gottes Urteil über die Sünde sich von unserem Urteil völlig unterscheidet.

Wer unter uns, der diese Geschichte liest, hat nicht gedacht, dass Ussa hart behandelt wurde? Wurde er in seiner Handlungsweise nicht von einem guten Beweggrund geleitet? Er konnte den Gedanken nicht ertragen, dass die Lade vom Wagen auf die Erde fallen könnte, und darum streckte er seine Hand aus. Nach unserem Dafürhalten war die Sünde nur sehr klein und der Beweggrund so vortrefflich, dass die Tat fast gerechtfertigt scheint. Wir sind geneigt, Ussa zu entschuldigen und anzunehmen, dass das Gericht, welches über ihn erging, unverdient war.

Lasst mich hier anmerken, dass ich denke, dass Ussa als Resultat seines Vergehens keine ewige Bestrafung erlitt. Wir haben es nur mit dem zu tun, was Gott mit ihm in dieser Welt tat. Wir können das Böse nicht so schnell entdecken, aber es war Sünde in der Tat, sonst würde Gott sie nicht bestraft haben. Er ist zu gut und zu gerecht, um jemand härter zu bestrafen, als er es verdient. Gott übertreibt unsere Sünden nie. Er sieht sie an, wie sie sind. Und was meint ihr, meine Zuhörer, wenn die Sünde der Berührung der Lade den Tod über den Menschen brachte, was müssten wohl unsere Sünden über uns bringen, wenn Gott »das Recht zur Richtschnur und die Gerechtigkeit zum Gewicht« machen wollte? Wir alle haben tausendmal schlimmere Dinge verübt als Ussa.

Manche unter uns leben heute in der Sünde. Ihr habt eure Sünden nie bereut, sondern liebt eure bösen Wege, und wenn ihr auch oftmals gewarnt worden seid, beharrt ihr dennoch in euren Missetaten. Muss nicht Gottes Geduld unter euren Sünden erdrückt werden?

Es erscheint seltsam, dass der Umstand, dass Eva von der verbotenen Frucht genoss, der Ruin der ganzen Welt werden und den Tod mit allen seinen Folgen in die Welt bringen musste. Aber das scheint uns so, weil wir nicht wissen, wie böse die Sünde ist. Die geringste Sünde ist ein so großes Übel, ein so außerordentlich finsteres Gräuel, dass Gott gerecht wäre, wenn Er uns in dem Augenblick, da wir einen schlechten Gedanken hegen oder ein einziges verkehrtes Wort aussprechen, in die Hölle stoßen würde. Die Sünde ist ein unermessliches Übel. Sie ist ein bodenloser Abgrund. Sie ist ein unbeschreiblich böses Etwas, dessen Abscheulichkeit wir nie erkennen werden.

Alle Abweichungen von der Bibel machen uns schuldig

In der Gemeinde Christi ist die Idee aufgetaucht, dass viele Dinge, die in der Schrift gelehrt werden, nicht so wichtig sind und wir sie eben ein wenig dahin abändern können, dass sie uns passen, und dass, wenn wir nur in den Fundamentalwahrheiten richtig stehen, die anderen Dinge von keinem Belang und Wert für uns sind. Nun seht auf unser Bild und lasst diesen Irrtum für alle Zeit fahren.

Es schien dem Volk Israel belanglos, ob die Lade auf den Schultern von Männern getragen oder ob sie auf einem Wagen gefahren wurde. »Es kommt nicht darauf an«, sagten sie. »Es ist ja wahr, dass Gott uns gesagt hat, dass sie von Leviten getragen werden soll; aber was hat das zu bedeuten, solange sie überhaupt nur getragen wird? Es wird alles ganz richtig sein. Wir wollen das so machen und den Modus abändern; das macht ja nichts aus.« Aber es machte doch etwas aus, denn gerade infolge dieser Abänderung, die sie an Gottes Gesetz vornahmen, geschah es, dass die Lade anfing zu schwanken, und dass Ussa versucht wurde, seine Hand danach auszustrecken und sie anzurühren, sodass der Tod Ussas die Bestrafung des ganzen Volkes wurde, weil sie es versäumt hatten, die präzisen Gesetze Gottes in ihren Einzelheiten zu beobachten.

Meine Brüder, als Mose die Stiftshütte baute, wurde es ihm nicht überlassen, sie nach seiner Laune und nach seinem Geschmack herzustellen. Jeder Knauf und jede Schleife, jedes Brett und jede Leiste, alles war in dem göttlichen Plan vorgezeichnet, und Mose musste alles machen nach dem Muster, das Gott ihm auf dem Berg gezeigt hatte.

Nun, dies ist ein Vorbild für einen Christen – dieses Buch Gottes, das vor mir liegt. Das Neue Testament unseres Herrn und Heilandes Jesu Christi ist der Maßstab für unsere Praxis. Und meint ihr, einige wenige Dinge dahin abändern zu dürfen, dass sie für das Klima passen oder sich mit euren eigenen Ideen oder eurem Geschmack vertragen? Ihr bildet euch ein, dass z. B. diese Lehre nicht von so großer Wichtigkeit ist, ihr denkt, wenn ein Mensch nur die Fundamentalwahrheiten predigt, kann er ansonsten alles andere predigen und alles ist gut und dass man dann die Verordnungen, wie z. B. die Taufe und das Abendmahl, zerschneiden, zerhacken und umgestalten kann, bis sie modernen Anschauungen entsprechen und sie in ihrer Vollständigkeit und Unverfälschtheit nicht nach der apostolischen Regel aufrechterhalten werden müssen?

Aber dies wisset, dass auch die geringste Umgehung des göttlichen Gesetzes Gerichte über die Kirche bringen wird und sie gebracht hat und bis zu diesem Tage Gottes Hand davon abhält, uns zu segnen. Denn innerhalb weniger Jahre könnten wir erleben, dass alle Reiche der Welt unseres Herrn und Seines Christus würden, wenn wir nur Gottes Lade tragen würden, wie Gott sie getragen haben will, anstatt das Evangelium durch menschliche Erfindungen zu verunstalten und die Schlichtheit des Evangeliums Jesu Christi zu verlassen.

Ich habe nicht die Absicht, heute auf Besonderes einzugehen, aber ich muss die allgemeine Tatsache aufrechterhalten, dass Gottes Verordnungen richtig sind und ich kein Recht habe, irgendetwas zu verändern, auch nicht das Geringste, sondern dass ich das Wort, so wie es dasteht – so wie Gott es mir geoffenbart hat – als die Regel meines Glaubens und meiner Praxis annehmen muss.

Aber es befinden sich einige unter euch, die nie ihre Bibel lesen. Ihr habt eure Religion aus zweiter Hand – habt sie von anderen Leuten geliehen, ihr kommt nicht zu diesem Buch, um aus der Quelle zu schöpfen. Eure

Großmutter hat euch so und so gelehrt, und ihr denkt ebenso; euer Urgroßvater ging zur Kirche oder zur Kapelle, und das ist der Grund, aus welchem ihr dorthin geht, aber ihr seid nicht zum Wort Gottes gekommen, um euer Urteil demselben zu unterwerfen. Das ist der Grund, warum heute so viele Sekten entstehen. Wenn wir alle direkt zur Bibel kämen, würden wir einander viel näher kommen. Wenn wir alle unsere Gedanken dem einen geschriebenen Wort beugen und keine andere Autorität als die der Bibel anerkennen würden, dann könnte die Kirche nicht geteilt und so in Stücke zerschnitten sein, wie sie es jetzt ist. Wir kommen zusammen, wenn wir zum Worte Gottes kommen. Aber wenn ich über diese Dinge spreche, höre ich stets die Antwort: »Aber diese Punkte sind doch nicht so wesentlich!« Wer hat euch gesagt, dass sie es nicht sind? »Nun«, sagt jemand, »wir wollen zugeben, dass die Kindertaufe nicht in der Bibel steht, aber das ist doch nichts Wesentliches; man kann sie praktizieren, und das tut doch keinen Schaden.«

Nein, ihr Herren, ihr habt kein Recht, an Gottes Gebot ein Wort zu ändern, ihr habt kein Recht, euch in irgend einer Beziehung oder in irgend einer Weise davon abzuwenden. Gottes Lehren müssen gepredigt werden, wie Gott sie gelehrt hat, und seine Vorschriften müssen nach seinem Modus und nach seinem Gesetz beobachtet werden. Der Tag ist zu beklagen, an welchem Gottes Lade auf den Wagen gesetzt und von Rindern gezogen wird, anstatt auf den Schultern der Männer getragen zu werden, die Gottes Wort lesen und es so nehmen, wie es dasteht, und dann dem folgen, was Gott ihnen gebietet, und nicht von irgend einem Menschen oder von einer Klasse von Menschen an der Nase herumgeführt werden.

Vergesst diese Lektion nicht, Brüder, denn sie ist für die Gemeinde von größter Wichtigkeit.

Jedes Abweichen von der Schrift bringt schwere Verluste

Als die Lade auf den Schultern von Männern getragen wurde, kam es nicht darauf an, ob es bergauf oder bergab ging, ob der Weg rau oder eben war – die Lade wurde wie die Sänfte eines Königs getragen. Aber setzt sie auf den Wagen – ob man auch meinen mag, dass das besser aussieht –, dann holpert es hier und holpert es da, und sie droht beständig herunterzufallen. Wenn wir ein Wort der Schrift ändern, bringen wir uns selbst in Unruhe. Wir mögen das anfangs nicht einsehen, aber mit der Zeit werden wir es gewiss erkennen. Ändere ein Wort, und du gerätst in eine Schlinge und in ein Labyrinth, und Gott helfe dir, den Weg wieder herauszufinden, denn du selber findest nicht wieder heraus. Stehe zu Gottes Wort, und du stehst sicher. Ändere einen Punkt auf einem i und du befindest dich in Feindesland und kannst dich nicht schützen. Wenn wir uns auf die Schrift verlassen, können wir der Welt widerstehen; wenn wir aber nichts haben als das Werk eines großen Predigers oder den Beschluss eines Konzils oder die Tradition der Väter, so sind wir verloren. Wir versuchen dann, aus Sand ein Seil zu winden, wir bauen ein Kartenhaus, das einstürzen muss. Die Bibel, die ganze Bibel und nichts als die Bibel ist die Religion der Gemeinde Christi. Und solange wir nicht dahin zurückkehren, wird die Kirche zu leiden haben. Sie wird die Lade nicht auf den Berg Zion bringen; sie wird Christi Reich nicht kommen sehen, bis sie mit jenen Rindern und dem neuen Wagen gebrochen hat und zurückkehrt zu dem Plan der Heiligen Schrift, und bis sie bereit wird, sich beharrlich an die Wahrheit zu klammern, wie sie in Jesus ist, und ernstlich um den Glauben zu kämpfen.

Jeder Irrtum muss von weiteren Abweichungen gestützt werden

Ein kleiner Irrtum führt zu einem großen. Niemand beabsichtigte, dass Ussa die Lade anrühren sollte. Sie dachten nicht daran, als sie die Lade auf den Wagen setzten, dass dies zu Ussas Tod führen werde und er die Sünde begehen würde, die Lade anzurühren; sonst würden sie sich sicherlich nach dem biblischen Plan gerichtet haben. So befinden sich einige unter euch, meine lieben Brüder in Christo, die in ihren Anschauungen von der Schrift nicht ganz richtig sind. Vielleicht denkt ihr dasselbe von mir.

Da ist ein Mann, dessen Anschauungen nicht ganz mit der Schrift übereinstimmen. Er sagt: »Das tut nichts; das ist eine kleine, eine ganz unbedeutende Sache.« Ja, aber dieses kleine unrechte »Etwas« führt zu einem großen unrechten »Etwas«. Der Weg des

Sünders geht bergab, und wenn ihr in der Übertretung der Vorschriften des Wortes Gottes erst einen Schritt tut, ist euer nächster Schritt nicht nur leicht, sondern er scheint sich euch aufzudrängen.

Woher kamen die Irrtümer der römischen Kirche? Wurden sie alle an einem Tage geboren? Nein, sie kamen nach und nach. Ich will nur einen Irrtum verfolgen, gegen den wir beständig Protest erheben, und ich nehme das nur als ein Beispiel des Ganzen. Bei den ersten Christen war es die Regel, die, welche an Jesus Christus glaubten, durch Untertauchen in Wasser im Namen des Vaters und des Sohnes und des Heiligen Geistes zu taufen. Nun, die erste verkehrte Lehre, die da auftauchte, war die Idee, dass vielleicht in dem Wasser irgendwelche Wirksamkeit liegen könnte. Darauf folgte, dass, wenn jemand im Sterben lag, der noch nicht getauft war, er vielleicht den Glauben an Christus bekennen und darum bitten mochte, getauft zu werden; da er aber im Sterben lag, konnten sie ihn nicht aus dem Bett nehmen, und darum nahmen sie die Besprengung als eine leichtere Methode an, durch welche sie das Wasser anwenden und das Gewissen des Sterbenden beruhigen konnten. Nachdem das geschehen war, war es nur noch ein Schritt dazu, auch die kleinen Kinder in die Kirche aufzunehmen; Kinder, Säuglinge, die – ohne ein Bewusstsein von Gut und Böse – zu Gliedern des Leibes Christi werden sollten, und so wurde die Säuglingsbesprengung eingeführt.

Der Irrtum war nicht mit einem Mal da, sondern kam nach und nach, bis er schließlich in der Kirche eingeführt wurde. Ich kenne gegenwärtig keinen Irrtum, der zur Verdammnis von mehr Seelen führt als dieser. Es gibt Tausende von Leuten, welche fest glauben, dass sie in den Himmel gehen werden, weil sie als kleine Kinder besprengt und nachher konfirmiert worden sind und dann das Abendmahl empfangen haben. Die Wirksamkeit der Sakramente und die Taufwiedergeburt – alles entspringt aus dem ersten Irrtum der Säuglingstaufe. Hätte man sich an die Schrift gehalten und hätte die Kirche stets den Glauben vor der Taufe gefordert, so wäre dieser Irrtum nicht entstanden. Er hätte vor dem Licht der Wahrheit nicht bestehen und in der christlichen Kirche nicht festen Fuß fassen können. Aber ein Irrtum führt zum anderen, daran besteht kein Zweifel.

Es ist nicht zu sagen, wo ihr enden werdet, wenn ihr einmal falsch angefangen habt. Ich spreche heute sehr deutlich über einen Gegenstand, den ich nicht oft berühre. Wenn ich aber darüber spreche, muss ich in meiner Sprache deutlich sein, zumal ich selten Anspielungen auf diese Wahrheit mache. Beurteilt mich, wie ich andere beurteile. Ihr sagt mir, dass ihr, wenn ich einen falschen Schritt tue, nicht wisst, wie weit ich gehen kann. Ich glaube euch. Glaubt mir auch, wenn ich dasselbe sage. Lasst uns zur Heiligen Schrift gehen und dabei bleiben. Und soweit glaubt mir, aber nicht einen Zoll weiter. Brecht mit mir, wenn ich mit meinem Meister breche. Die Bibel, die Bibel allein ist die Musterlehre, die Musterpraxis, die Mustererfahrung eines Christen, und was darüber ist, das ist vom Bösen.

Der Zweck heiligt nicht die Mittel

Es fällt mir auf, dass auch auf der Oberfläche dieser Stelle die Widerlegung eines sehr verbreiteten Irrtums liegt, indem man sagt, Gott würde etwas akzeptieren, und wäre es auch etwas Verkehrtes, wenn es nur aus einem richtigen Beweggrund geschieht.

Der allgemeine Irrtum der Zeit ist folgender: »Ich zweifle nicht daran«, sagt jemand, »dass, wenn ein Mensch ein guter Mohammedaner ist und sich nach dem richtet, was er weiß, er in den Himmel kommen wird.« »Ja«, sagt ein anderer, »und wenn er ein guter Katholik ist und sich an das hält, was er weiß, so ist er sicher.« »Jawohl«, sagt noch ein anderer, »wir dürfen einander nicht hart richten; ohne Zweifel sind die, welche sich vor Buddha beugen, wenn sie nach dem leben, was sie wissen, auch selig.« Wollt ihr die Teufelsanbeter und die Schlangenanbeter auch mit aufzählen? Ihr müsst sie alle einlassen. Ihr habt die Tür weit genug aufgetan, um alle einzulassen. Und die Thugs, die in Indien umhergehen und den Menschen die Kehle durchschneiden – sie tun es aus Prinzip, es ist ein Teil ihrer Religion, und sie halten es für Recht – meint ihr, dass sie auch in den Himmel eingehen werden, weil sie getan haben, was sie für Recht hielten? »Nein«, sagt der eine, »so weit will ich denn doch nicht gehen.« Ja, aber wenn das Prinzip in dem einen Fall richtig ist, dann ist es das auch in einem anderen. Aber das ist alles Betrug und Falschheit.

Gott hat uns den einen wahren Glauben gelehrt, und einen anderen Grund kann niemand legen außer dem, der gelegt ist. Wir sind Gott für unseren Glauben verantwortlich. Wir sind verpflichtet zu glauben, was Er uns zu glauben heißt, und unser Urteilsvermögen ist ebenso verpflichtet, sich dem Gesetz Gottes zu unterwerfen, wie jede andere Kraft unseres Wesens. Wenn wir vor Gott treten, gilt es nicht als Entschuldigung, wenn wir sagen: »Mein Herr, ich habe unrecht getan; aber ich war der Meinung, dass ich recht täte.« »Ja, aber ich habe dir mein Wort gegeben, und du hast es nicht gelesen, oder wenn du es gelesen hast, so hast du es so sorglos gelesen, dass du es nicht verstanden und deswegen unrecht getan hast.«

Schien es in Ussas Fall nicht das Richtigste von der ganzen Welt zu sein, dass er seine Hand ausstreckte, um das Herabgleiten der Lade zu verhindern? Wer wollte den Mann tadeln? Aber Gott hatte geboten, dass keine unbefugte Hand sie jemals berühre, und da Ussa sie dennoch berührte, und wenn er es auch aus gutem Beweggrund tat, musste er sterben. Gott will, dass Seine Anweisungen gehalten werden.

Außerdem, meine lieben Brüder, bin ich mir nach allem hinsichtlich der Richtigkeit eurer Beweggründe nicht sicher. Der Staat hat eine Proklamation veröffentlicht, die nach der Weise der alten Römer in Erz eingegraben wird. Ein Mensch geht mit seiner Feile daran, an dem Erz herumzufeilen und hier etwas wegzunehmen und dort etwas hinzuzufügen. Er sagt: »Ich habe es aus einem guten Beweggrund getan. Ich hielt das Gesetz nicht für gut, ich dachte, es sei für diese Zeit zu altmodisch, und so wollte ich es ein wenig abändern und es für das Volk besser gestalten.«

Wer bist du, dass du es wagst, auch nur einen einzigen Buchstaben des Buches Gottes anzurühren, das Gott mit jenem furchtbaren Satz umzäunt hat, in welchem geschrieben steht: »Wenn jemand zu diesen Dingen hinzufügt, so wird Gott ihm die Plagen hinzufügen, die in diesem Buche geschrieben sind; und wenn jemand von den Worten des Buches dieser Weissagung wegnimmt, so wird Gott sein Teil wegnehmen von dem Baume des Lebens und aus der heiligen Stadt, wovon in diesem Buche geschrieben ist.« Tatsache ist, dass es nur einen Weg und nicht fünfzig Wege zum Himmel gibt; dass es nicht zwei Türen, sondern nur eine Tür gibt, die in den Himmel führt. Christus ist der Weg. Vertrauen auf Christus ist der Pfad zum Paradies. Wer nicht an Jesus glaubt, muss verdammt werden. Der Glaube, den Christus fordert, ist intolerant; er gestattet keine zweite Heilsmethode und fordert euren völligen Gehorsam, euren kindlichen Glauben; im anderen Fall droht er euch, wenn ihr euch weigert, mit der furchtbarsten Strafe. Die Idee von der Freidenkerei und von dem Recht des Menschen, zu denken, wie es ihm gefällt, hat keinen Grund in der Schrift. Wir sind verpflichtet zu glauben, was Gott uns sagt, wie Er es uns sagt; verpflichtet, kein einziges Wort zu ändern, sondern die Bibel zu nehmen, wie sie ist, oder aber sie zu verleugnen und die Folgen davonzutragen.

Ich komme nun zu dem zweiten Punkt; lasst uns auf das Bild als Ganzes sehen. Wir haben hier zwei Bilder, eins für das Volk Gottes und das andere für die Ungläubigen. Ich möchte beide kurz beleuchten.

Brüder, trotz unserer Missgriffe – und wir irren in manchen Dingen, was uns Gott vergeben möchte –, trotz unserer Schwächen sind wir eins in Jesus. Dennoch sollten wir unsere Irrtümer nicht für unwichtig halten, sondern ein jeder von uns sollte auf seinen Knien göttliche Belehrung suchen, damit wir von allen falschen Wegen gereinigt und bis an unser Ende auf den Weg des göttlichen Gehorsams geführt werden. Ich bin gewiss, dass das eine Ziel eures Lebens auch das meines Lebens ist: das Reich unseres Herrn und Heilandes Jesu Christi aufgerichtet zu sehen. Wir haben das Bedürfnis, die Lade aus ihrer Verborgenheit an den Platz der Herrlichkeit zu bringen. Jedesmal, wenn wir unsere Knie beugen, ist ein Gebet auf unseren Lippen, das wir nicht unterlassen können: »Dein Reich komme; Dein Wille geschehe, wie im Himmel, also auch auf Erden.« Ist es gekommen? Gelobt sei Gott, in einem gewissen Maß ja. Aber haben wir die volle Frucht der jahrhundertelangen Arbeit? Ich denke nicht. Ich glaube sagen zu können, dass zwei Jahrhunderte nach dem Tod Christi das Reich Gottes auf der Erde fast ebenso mächtig war, wie es jetzt ist. Und die ganze Zwischenzeit – Gott verhüte, dass ich sage, sie sei verschwendet – ist dessen ungeachtet mehr eine Zeit des Rückgangs als des Fortschritts gewesen. Nun, wie lässt sich das erklären? Lag in dem Evangelium nicht etwas, was die Feinde bis ans Ende der Erde treiben konnte? Lasst Paulus nur in Rom auftreten, und wenn auch nach einiger Zeit sein Kopf von seinem Leibe getrennt wurde, so begann doch das Reich der sieben Hügel zu zittern, als er sprach. Lasst die anderen Apostel ausziehen, so viel Widerstand sie auch finden mögen, sie gehen von einem Land zum andern, und die Länder unterwerfen sich. Es ist wahr: Die Märtyrer bluten, und die Apostel sterben, und die Bekenner werden verbrannt; aber die Wahrheit lebt und überwindet und siegt. Innerhalb zweier oder dreier Jahrhunderte ist der Name Jesu mehr bekannt geworden als der irgend eines Menschen und Sein Evangelium hat größere Macht als jedes andere in der Welt. Und hier sind wir nun und senden unsere Missionare überall hin, und was ist der Erfolg? Gott sei Dank für das, was da ist; es ist ein vortrefflicher Lohn für all unsere Arbeit und viel mehr, als wir verdienen. Aber in unseren Missionaren liegt nicht die Kraft, die in den Aposteln war. Unsere Siege gleichen nicht den Siegen der alten Zeit. Woher kommt das?

Meine Theorie, wie das zu erklären sei, ist folgende: Erstens fehlt es uns in einem großen Maß, mit dem Heiligen Geist erfüllt zu sein. Aber wenn ihr der Sache auf den Grund geht, so ist meine Antwort diese: Die Kirche hat ihre ursprüngliche Reinheit aufgegeben, und darum hat sie ihre Kraft verloren. Wenn wir einmal mit allem Irrtum brechen würden, wenn durch den einstimmigen Willen des ganzen Leibes Christi jede schlechte, nicht in der Schrift verordnete Zeremonie aufgegeben und abgeschafft, wenn jede Lehre verworfen würde, die sich nicht durch die Heilige Schrift decken lässt, wenn die Kirche rein und klar wäre, so würde ihr Weg triumphieren und siegreich sein. Sie würde ihren Fuß auf Brahma setzen und Wischnu unter ihren Füßen zertreten. Sie würde zum

Halbmond Mohammeds sagen: »Geh unter auf ewig.« Sie würde den Papst vom Thron reißen; sie würde falsche Religionen mit der Wurzel ausreißen – und es würde eine Hütte Gottes bei den Menschen sein.

Aber wir sind nicht rein; wir können die Lade Gottes nicht heraufbringen. Gelobt sei Gott, sie ruht noch im Hause Obed-Edoms. Wahrer Glaube ist in den Herzen derer vom Volk Gottes zu finden und in manchen Gemeinden wird die Wahrheit noch bewahrt; aber bevor nicht die ganze Gemeinde hervorgeht, schön wie der Mond, auserwählt wie die Sonne, wird sie auch nie schrecklich werden wie die Heeresspitzen.

Das mag manchem sehr unwesentlich scheinen, aber in Wirklichkeit handelt es sich um das Leben. Ich könnte jeden einzelnen Christen bitten: Denke darüber nach, mein lieber Bruder. Wenn die einen das Christentum vor jeder Autorität schützen – mit Ausnahme der Autorität Christi! – und die anderen eine Staatskirche festhalten, so können nicht beide recht haben. Wir mögen in den großen Stücken richtig sein, aber wir können nicht in allem richtig sein; der eine muss sich im Unrecht befinden. Wenn die einen die Säuglinge besprengen und die anderen die Gläubigen taufen, so können nicht beide richtig handeln; es wäre töricht, das zu denken. Christus hat keine schwer zu beschreibende Religion gegründet, die alle Arten Leute in sich aufnimmt und der doch alle gleich gehorsam sind. Die Wahrheit schwankt nicht wie ein Pendel, das sich vor- und rückwärts bewegt. Sie gleicht nicht einem Kometen, der hier und da und überall ist. Der eine muss recht, der andere muss unrecht haben. Es ist nicht meine Sache, zu erklären, wer recht und wer unrecht hat. Ich bin nicht unfehlbar. Es ist meine Aufgabe, die Schrift für mich selbst als vor Gottes Auge zu beurteilen. Ich bitte euch, dasselbe zu tun. Haltet keinen Irrtum für unwichtig, sondern prüft die Geister; prüft, ob dies oder das recht sein kann. Ich bin der Überzeugung, dass der beste Weg, die Einheit zu fördern, der ist, die Wahrheit zu fördern. Wir müssen einander in Christus lieben; aber wir dürfen nicht so eins sein, dass wir nicht imstande sind, die Fehler anderer und unsere eigenen Fehler zu sehen. Nein, reinigt das Haus Gottes, und dann werden große und herrliche Zeiten für uns anbrechen.

Und nun wende ich mich an die, welche unbekehrt sind, die sich aber sehnen zu hören, dass ihnen das Evangelium von Jesus Christus gepredigt wird. Ich denke, dass das, was ich bereits gesagt habe, wichtig ist; aber dieser letzte Teil ist der wichtigste.

Mein Zuhörer, ich will annehmen, dass in deinem Herzen das sehnliche Verlangen ist, gerettet zu werden, dass du aber den Heilsplan nicht verstehst. Es tut mir leid um dich, denn wenn du ihn nicht verstehst, wirst du, obwohl du Christus suchst, Missgriffe tun, und du wirst dir damit viele Unannehmlichkeiten schaffen. Es war ganz recht, dass David die Lade heraufzubringen wünschte, aber vielleicht war er hinsichtlich der Art und Weise unwissend, und sieh, wie er darunter zu leiden hatte: die Lade schwankte, die Rinder schlugen aus. Wenn du nun hinsichtlich des Heilsplanes nicht klar bist, wirst du auch schwanken und viele Zweifel und Befürchtungen haben. Lass mich dich bitten, in der Heiligen Schrift zu forschen und dann sei bestrebt, mit Gottes Hilfe eine klare Sicht von der Tatsache in dir zu bewahren, dass du, wenn du überhaupt gerettet wirst, durch das Vertrauen auf Jesus Christus und allein durch Ihn gerettet wirst. Der Heilsplan ist: »Vertraue Jesu.« Irrst du auch in anderen Fragen, so wirst du darunter zu leiden haben; ein Irrtum in dieser Sache ist verhängnisvoll für dich.

Mir scheint, ich höre jemand sagen: »Ich sehne mich danach, gerettet zu werden, aber ich bin doch unruhig; ich denke, wenn ich gute Werke tue und mich dadurch retten könnte, so könnte ich Jesus vertrauen.« Tritt zurück, Ussa, tritt zurück; du versuchst die Lade Gottes anzurühren; hüte dich, dass du nicht stirbst. Andere Missgriffe werden dich beunruhigen, aber dieser Missgriff ist verhängnisvoll für dich! Christus bedarf deiner Mithilfe nicht, lass Ihn alles tun, nimm Ihn, wie Er ist, und geh zu Ihm, wie du bist, und du wirst gerettet werden. Versuche Christus zu helfen, und du kannst nicht gerettet werden. Solange du nicht mit dem Gedanken gebrochen hast, musst du traurig und in deinem Tode bleiben. Christus muss alles sein und du musst überhaupt nichts sein. Wenn du es versuchst, sein vollkommenes Kleid zu flicken, so kann dieses Kleid nie deine Blöße decken. Du musst einen ganzen Christus haben und nichts als Christum.

Vor allem aber, liebe Freunde, habt ihr gar keine Verdienste, denn Christus bietet sich euch umsonst an. Sünder, nimm Christus, wie Er ist; nimm Ihn jetzt, wie du bist. Dies ist das Evangelium: Vertraue Christus, und du bist gerettet. Verlass dich auf das, was Er getan hat, und du bist selig. Wirf dein Vertrauen auf irgendwelche Zeremonien, auf irgendwelche Lehren, auf irgendwelche Formen, auf irgendwelche Werke weg, und verlass dich auf Christus, und du bist gerettet.

»Wie kann ich das tun, wenn ich in meinen Sünden verharre?« Nachdem du dich auf Christus geworfen hast, kannst du nicht in deinen Sünden weiterleben. »Nein«, sagt ein anderer, »aber ich habe nichts in der Welt, kein Verdienst, auf Grund dessen ich gerettet werden könnte.« Richtig, ich weiß, dass du nichts hast; aber ob du etwas Gutes hast oder nicht, dir wird dennoch gesagt, dass du auf Jesus vertrauen sollst.

Mir ist, als hörte ich jemand sagen: »Ich darf Jesus nicht vertrauen, ich habe kein Recht dazu.« Aber, lieber Freund, dir wird befohlen, es zu tun. »Gott gebietet allen Menschen, Buße zu tun.« Das ist Sein Gebot, dass wir glauben an den Herrn Jesus Christus, den Er gesandt hat. Ist das nicht wirklich das Evangelium: »Glaube an den Herrn Jesus Christus, so wirst du gerettet«? Nun, es kann nicht unrecht sein, wenn ich tue, was Gott mir zu tun gebietet. Der Prediger, der einem Menschen sagt, dass er sein Recht in seiner Hilfsbedürftigkeit findet, veranlasst den Sünder, auf sich selbst zu blicken; wenn er aber sagt: »Ob du es fühlst oder nicht fühlst, Gott hat das befohlen zu glauben«, dann veranlasst das den Sünder, sich Christus und Christus allein zuzuwenden.

Zum Schluss will ich dir eine kleine Anekdote erzählen, die ich schon öfter erzählt habe; sie führt dir klarer als alle anderen Mittel vor Augen, dass du Ursache hast, an Christus zu glauben. Ich spreche zu denen, die sagen: »Ich habe kein Recht, auf Christus zu vertrauen.«

Ich saß da eines Tages im Gericht und interessierte mich für einige Verhöre, die vorgenommen wurden, und da wurde ein Zeuge nötig. Ich bin mir hinsichtlich des Namens nicht ganz klar, aber ich denke, er hieß Braun. So wurde denn die Parole ausgegeben, dass nun Braun erscheinen solle. Der Diener ging hinaus und rief: »Braun!« Jemand anders, welcher der Tür nahe stand, rief: »Braun!« und ich konnte hören, wie noch einige Male gerufen wurde: »Braun! Braun! Braun!« Der Gerichtssaal war dicht besetzt. Mit der Zeit erschien unter einigen Schwierigkeiten ein kleines, unansehnliches Geschöpf in der Tür. Es kam und bahnte sich seinen Weg. Da stand ihm ein feiner, großer Herr im Saal im Weg, der nicht Platz machen wollte, und in einer überheblichen Weise sagte: »Wer sind Sie?« »Braun«, sagte der Mann, »ich bin Braun.« »Wer ist denn Braun?«, fragte der andere. »Nichts«, sagte er, »mir wurde nur gesagt, dass ich kommen solle.« Es war wunderbar, wie jeder Platz für Braun machte, weil ihm gesagt worden war, dass er kommen solle. Der Raum war gedrängt voll; aber Braun musste irgendwie hindurch, weil man ihn nötig hatte. Es kam nicht darauf an, wie ärmlich, wie zerrissen oder wie schmutzig er aussah; er war nötig, und er hatte ein Recht zu kommen.

So gebietet dir Gott jetzt, Christus zu vertrauen. Aber du sagst: »Da steht ein großer Sünder vor mir auf.« Und er sagt: »Wer bist du?« Du sagst: »Ein armer

Sünder.« »Und was ist ein armer Sünder?«, fragt er. »Gar nichts«, sagst du, »aber Christus hat mir gesagt, dass ich Ihm vertrauen soll.«

Ich befinde mich oben in einem brennenden Haus. Er ruft: »Spring in meine Arme, spring, und ich will dich auffangen«, und ich folge dem Ruf. Ob zerschmettert oder gerettet, ich habe keinen anderen Heilsweg, ich falle in Seine Arme. Ich versinke, die Fluten sind bereit, mich zu verschlingen. Christus sagt: »Ergreife dieses Seil.« Es sieht schwach aus, aber ich ergreife es. Ich will mich auf nichts anderes verlassen, und ich bin gerettet. Tue das, armer Sünder, wer du auch sein magst, vertraue Christus jetzt. Jetzt, ich bitte dich, jetzt, da es gelegene Zeit ist. Möge der Heilige Geist dich befähigen, Christus zu vertrauen, und wenn du auch mit Sünden beladen hierher gekommen bist, kannst du reingewaschen weggehen mit Frieden in deinem Herzen, weil der Geist Gottes dich geleitet hat, Jesus zu vertrauen, und in demselben Augenblick bist du gerettet.

Möchte Gott nun Seinen Segen hinzufügen um Jesu willen. Amen.

Wiedergeburt durch die Taufe?

»Und Er sprach zu ihnen: Gehet hin in die ganze Welt und prediget das Evangelium der ganzen Schöpfung. Wer da glaubt und getauft wird, wird errettet werden; wer aber nicht glaubt, wird verdammt werden.«

Markus 16,15-16

In dem vorhergehenden Vers gibt uns der Herr Jesus Christus einen kleinen Einblick in den natürlichen Charakter der Apostel, die Er dazu ausersehen hatte, die ersten Diener des Wortes zu sein. Es waren offensichtlich Männer wie wir, die es ebenso nötig hatten, gescholten zu werden wie wir. Der Herr schalt ihren Unglauben und ihre Herzenshärtigkeit, dass sie denen, die ihn auferweckt gesehen, nicht geglaubt hatten, und daraus schließen wir, dass es dem Herrn gefiel, zur Verkündigung Seines Wortes unvollkommene Männer zu erwählen; und dazu noch Männer, die an sich sehr schwach waren in der Gnade des Glaubens, in welcher sie hätten stark sein sollen.

Glaube ist die siegende Gnade und eine wichtige Voraussetzung für den Prediger, und doch mussten diese Anführer des göttlichen Kreuzzuges wegen ihres Unglaubens getadelt werden.

Wir, die wir Gottes Diener sind, wollen nicht unsere Mängel entschuldigen oder gar mit Vollkommenheit prahlen. Wir befleißigen uns, heilig zu leben, aber wir können nicht den Anspruch erheben, dass wir sind, was wir zu sein wünschen. Wir gründen die Ansprüche der Wahrheit Gottes nicht auf die Fleckenlosigkeit unseres Charakters, sondern darauf, dass sie von Ihm kommt. Ihr habt trotz unserer Fehler und nicht wegen unserer Tugenden geglaubt. Wir treten oft mit großem Zittern vor euch hin und trauern über unsere Mängel; aber wir bieten euch Gottes Wort als Gottes Wort und bitten euch, es aufzunehmen nicht als von uns kommend, sondern als ausgehend von dem ewigen und dreimal heiligen Gott, und wenn ihr es so aufnehmt, dann wirkt das Wort, was nicht der Fall wäre, wenn es irgendwie auf Menschenweisheit beruhen würde.

Nachdem uns der Herr so einen Einblick in den Charakter derer gegeben hat, die Er zur Verkündigung Seiner Wahrheit erwählte, fährt Er fort, den erwählten Kämpfern ihren Auftrag für den heiligen Krieg zu geben. Ich bitte euch, die Worte mit ernster Sorgfalt zu beachten. Er fasst ihre Aufgabe in wenigen Worten zusammen und sagt ihnen zugleich das Resultat voraus, indem Er ihnen mitteilt, dass ohne Zweifel die einen glauben und errettet werden und die anderen nicht glauben und darum gewisslich verdammt, das heißt, auf ewig zu den Strafen des Zornes Gottes verurteilt würden.

Die Zeilen, welche den Auftrag unseres auferstandenen Herrn enthalten, sind gewiss von größter Wichtigkeit und erfordern volle Aufmerksamkeit und unbedingten Gehorsam, nicht nur von denen, welche Diener des Wortes sind, sondern auch von denen, welche die Botschaft der Gnade hören. Zum Erfolg im Werk unseres Meisters ist ein klares Verständnis dieser Worte absolut notwendig, denn wenn wir den Auftrag nicht verstehen, ist es nicht wahrscheinlich, dass wir ihn richtig ausführen werden. Diese Worte abändern, wäre mehr als Unverschämtheit; es schlösse das Verbrechen des Hochverrats wider die Autorität Christi und wider die besten Interessen der Menschenseelen in sich.

Wohin sich die Apostel auch wenden mochten, die Predigt des Evangeliums stieß auf Hindernisse, und je offener und wirksamer die Tür des Wortes war, umso zahlreicher wurden die Widersacher. Diese kühnen Männer schwangen das Schwert des Geistes, um alle ihre Feinde in die Flucht zu jagen, und sie taten es nicht durch List oder Falschheit, sondern indem sie direkt auf den Irrtum losgingen, der ihnen im Wege stand. Sie dachten nie einen Augenblick daran, das Evangelium dem unheiligen Geschmack oder den Vorurteilen der Leute anzupassen, sondern sie gingen direkt und kühn mit dem gewaltigen Schwert des Geistes gegen die Krone des ihnen entgegenstehenden Irrtums an.

Ich will heute im Namen des Herrn Zebaoth, meines Helfers und Beschützers, dasselbe zu tun versuchen, und wenn ich dadurch, dass ich ausspreche, was ich als die Wahrheit glaube, die Freundschaft etlicher verlieren und die Feindschaft bei anderen erregen sollte, so kann ich dem nicht abhelfen. Die Last des Herrn ist auf mir und ich muss meine Seele frei machen. Ich habe lange genug damit zurückgehalten, aber das überwältigende Gefühl von meiner heiligen Pflicht zwingt mich jetzt dazu. Da ich bald vor den Schranken meines Meisters erscheinen muss, will ich heute auf jede Gefahr hin mein Zeugnis für die Wahrheit ablegen. Wenn es sein muss, will ich mich damit zufrieden geben, als böse verworfen zu werden, aber ich kann und darf nicht schweigen. Der Herr weiß, dass ich nichts anderes in meinem Herzen habe als die reine Liebe zu den Seelen derer, denen ich in dem Namen des Herrn zu predigen habe.

Unter meinen Zuhörern und Lesern werden mich viele tadeln, wenn nicht verurteilen, aber ich kann nicht anders. Wenn ich um der Wahrheit willen eure Liebe verscherze, so tut es mir leid um euch, aber ich kann und darf nicht anders. Habe ich jemals um euren Beifall gebuhlt? Es ist jedermann angenehm, Beifall zu bekommen; aber wenn irgendein christlicher Prediger um der Behaglichkeit oder um seines Ansehens oder um des Lächelns der Menschen willen einen Teil seines Zeugnisses zurückhält, so wird sein Herr es schließlich von seinen Händen fordern. In der unmittelbaren Gegenwart Gottes stehend, will ich heute ehrlich aussprechen, was ich fühle, je nachdem mich der Heilige Geist dazu befähigen wird, und ich will es euch überlassen, die Angelegenheit zu beurteilen.

Ich glaube, dass der große Irrtum, mit welchem wir im ganzen Land zu kämpfen haben, einer ist, der in direktem Gegensatz zu meinem Text steht; er ist euch als die Lehre von der Taufwiedergeburt wohl bekannt. Wir wollen diesem Dogma die Behauptung gegenüberstellen, dass die Taufe ohne den Glauben niemand selig macht. Der Text sagt: »Wer da glaubt und getauft wird, wird errettet werden«, und er behauptet: »Wer aber nicht glaubt, wird verdammt werden«, ob er nun getauft ist oder nicht, sodass die Taufe den Ungläubigen nicht rettet, dass sie ihn auch nicht im Geringsten von dem Urteil aller Gottlosen freispricht. Ob er nun durch Untertauchen oder durch Besprengen, in seinem Säuglingsalter oder als Erwachsener getauft werden mag – wenn er sein Vertrauen nicht auf Jesus Christus setzt, wenn er ein Ungläubiger bleibt, dann gilt ihm dieses schreckliche Urteil: »Wer aber nicht glaubt, wird verdammt werden.« Die sehr mächtige Kirche Englands lehrt diese Lehre nicht nur durch ihre Diener, sondern sie erklärt sie auch öffentlich und kühn in ihrer Glaubensregel, dem allgemeinen Gebetbuch, und zwar in so deutlichen Worten, dass sie nicht missverstanden werden können.

Wir zitieren die Worte aus dem Katechismus, welcher zum Unterricht der Jugend bestimmt und natürlich sehr klar und einfach abgefasst ist, da es ja töricht wäre, die Jugend mit metaphysischen Kunststücken zu belästigen. Das Kind wird nach seinem Namen und dann weiter gefragt: »Wer hat dir diesen Namen gegeben?« »Meine Paten und Patinnen bei meiner Taufe, durch welche ich ein Glied Christi, ein Kind Gottes und ein Erbe des Himmelreichs geworden bin.« Ist das nicht bestimmt und klar genug? Ich schätze die Worte wegen ihrer Offenheit; sie könnten nicht deutlicher sein. Das Wort Wiedergeburt könnte durch einige Kniffe anders ausgelegt werden; aber hier kann es kein Missverständnis geben. Das Kind ist nicht nur »ein Glied Christi« geworden – und Verbindung mit

Christo ist keine kleine geistliche Gabe –, sondern ist durch die Taufe auch »ein Kind Gottes« geworden, und da die Regel ist: »wenn aber Kinder, so auch Erben«, so ist es auch »ein Erbe des Himmelreichs«. Nichts kann deutlicher sein. Ich wage zu sagen, solange noch Ehrlichkeit auf Erden ist, wird es über den Sinn dieser Worte zu keinem Streit kommen. Es ist klar wie der Mittag, dass – wie die liturgische Vorschrift lautet – »Väter, Mütter, Lehrmeister und Herrschaften ihre Kinder, Lehrlinge und Dienstboten (ganz gleich, wie träge, eitel oder gottlos sie auch sein mögen) veranlassen sollten, den Katechismus zu lernen und zu sagen, dass sie durch die Taufe Glieder Christi und Gottes Kinder geworden sind«.

Die Worte für die Erteilung dieser Taufe sind ebenso deutlich, denn dem Allmächtigen wird ausdrücklich dafür gedankt, dass die getaufte Person wiedergeboren ist. »Dann soll der Priester sagen: ›Da wir nun, geliebte Brüder, sehen, dass dieses Kind wiedergeboren und in den Leib der Kirche Christi eingepflanzt ist, so lasst uns dem allmächtigen Gott für diese Segnungen danken und Ihn einmütig bitten, dass dieses Kind sein übriges Leben diesem Anfang gemäß wandle.‹«

Das ist aber noch nicht alles. Damit kein Irrtum geschieht, werden die Worte der Danksagung vorgeschrieben: »Dann soll der Priester sagen: ›Wir bringen Dir herzlichen Dank, allbarmherziger Vater, dass es Dir gefallen hat, dieses Kindlein durch Deinen Heiligen Geist wiederzugebären, es durch Adoption als Dein eigenes Kind anzunehmen und es Deiner heiligen Kirche einzuverleiben.‹«

Dies ist also die klare und unverkennbare Lehre einer Kirche, die sich protestantisch nennt. Ich behandle jetzt nicht die Frage der Säuglingstaufe; damit habe ich es heute nicht zu tun. Ich erwäge jetzt die Frage der Wiedergeburt durch die Taufe, ob in Erwachsenen oder in Kindern, ob sie der Besprengung, der Begießung oder dem Untertauchen zugeschrieben wird. Hier ist eine Kirche, welche an Schulen alle Kinder darüber belehrt, dass sie, als sie getauft wurden, Glieder Christi, Kinder Gottes und Erben des Himmelreichs wurden! Hier ist eine sich protestantisch nennende Kirche, welche jedesmal, wenn ihr Diener ans Taufbecken tritt, erklärt, dass jede Person, welche die Taufe empfängt, dann wiedergeboren und in den Leib der Kirche Christi eingepflanzt worden ist.

»Aber«, höre ich viele liebe Leute ausrufen, »es gibt viele gläubige Geistliche in der Kirche, welche nicht an die Taufwiedergeburt glauben.« Darauf antworte ich sofort. Warum gehören sie denn einer Kirche an, welche diese Lehre in den deutlichsten Ausdrücken lehrt? Man sagt mir, dass viele in der Englischen Kirche gegen ihre eigenen Lehren predigen. Ich weiß, dass es so ist, und hierin freue ich mich ihrer Erleuchtung, aber ich bezweifle sehr ernstlich ihre Aufrichtigkeit. Einen Eid darauf zu leisten, dass ich aufrichtig einer Lehre zustimme, die ich nicht glaube, müsste meinem Gewissen fast wie ein Meineid vorkommen, wenn es nicht sogar Meineid ist; aber die, welche so handeln, müssen von ihrem Herrn gerichtet werden. Wenn ich Geld dafür nehme, dass ich das verteidige, was ich nicht glaube; wenn ich Geld von einer Kirche nehme und doch nicht das predige, was offenbar ihre Lehre ist – ich sage, wenn ich das täte (ich beurteile andere, wie ich wünsche, dass sie mich beurteilen), oder wenn ein anderer ehrlicher Mann das täte, so wäre das eine so große Abscheulichkeit, dass ich mich aller Ehrlichkeit und Anständigkeit bar erachten müsste, wenn ich eine solche Tat begangen hätte.

Ehe ich die Aufgabe eines Dieners dieser Gemeinde annahm, sah ich mir eure Glaubensartikel an. Wären es nicht auch die meinen gewesen, hätte ich euren Ruf nicht angenommen, und wenn ich meine Meinungen ändern sollte, so seid versichert, dass ich als ehrlicher Mann abtreten werde, denn wie könnte ich einen Teil eures Glaubens bekennen und dann etwas ganz anderes predigen?

Ich kenne nichts, das mehr geeignet ist, das Sittlichkeitsgefühl im Volk zu verderben, als den Mangel an Aufrichtigkeit bei den Predigern; und wenn Weltmenschen hören, dass Prediger gerade das leugnen, was ihr Bekenntnis lehrt, dann bilden sie sich ein, dass Worte bei den Verkündigern keinen Sinn haben, dass wesentliche Unterschiede in der Religion nur Bagatellen sind, und dass es gar nicht darauf ankommt, was ein Mensch glaubt, solange er noch wohlwollend gegen andere Menschen ist.

Wenn die Taufe Menschen tatsächlich zur Wiedergeburt bringt, so muss diese Tatsache mit ›Trompeten-Zungen‹ gepredigt werden, und dann darf sich niemand des Glaubens daran schämen. Das sind in dieser Hinsicht ehrliche Kirchenmänner, welche, das Gebetbuch unterschreibend, auch an die Taufwiedergeburt glauben und sie deutlich predigen. Lasst uns ihre Lehre durch alle biblischen und verständigen Mittel widerlegen; aber lasst uns ihren Mut achten, mit dem sie uns offen ihre Anschauungen darlegen. Ich hasse ihre Lehre, aber ich liebe ihre Ehrlichkeit, und da sie nur aussprechen, was sie für wahr halten, so mögen sie es aussprechen, und je klarer sie das tun, desto besser ist es. Ich für mein Teil liebe es, einem ehrlichen Gegner von Angesicht zu Angesicht gegenüberzustehen. Wenn jemand glaubt, dass die Taufe die Wiedergeburt wirkt, so spreche er es aus; wenn aber jemand in seinem Herzen nicht so glaubt und doch die Worte unterschreibt, die es behaupten, und wenn er durch seine Zustimmung seinen Lebensunterhalt bezieht, so suche er sich verwandte Genossen und Freunde unter den Menschen, die sich auf Zweideutigkeiten und auf allerlei Schiebungen verstehen, denn ehrliche Männer werden seine Freundschaft weder suchen noch annehmen.

Wir selbst sind über diesen Punkt nicht im Zweifel. Wir behaupten, dass Menschen dadurch, dass sie getauft werden, keine Wiedergeburt erleben. In einer solchen Versammlung wie dieser schäme ich mich fast, auf diese Sache einzugehen, weil ihr zu sicher seid, um irregeführt zu werden. Doch um anderer willen wollen wir es tun. Wir glauben, dass Menschen nicht durch die Taufe erlöst werden, denn erstens nehmen wir an, dass es mit dem geistlichen Evangelium, welches Christus zu lehren gekommen ist, nicht übereinzustimmen scheint, wenn Er die Errettung von einem Ritual abhängig gemacht hätte.

Das Judentum konnte möglicherweise die Zeremonie als eine Art Vorbild in seine Vorschriften aufnehmen, die ihm zum ewigen Leben als wesentlich vorkamen, denn es war eine Religion von Vorbildern und Schatten. Aber Jesus Christus beansprucht für den Glauben, dass er rein geistlich sei, und wie konnte Er die Wiedergeburt mit einer besonderen Anwendung einer wässrigen Flüssigkeit verbinden? Ich kann nicht einsehen, wie das ein geistliches Evangelium sein kann, aber ich kann einsehen, wie mechanisch es würde, wenn ich ausgesandt wäre zu lehren, dass das Benetzen der Stirn oder selbst das Eintauchen einer Person in Wasser die Seele rette. Dies scheint mir die mechanischste Religion zu sein, die existiert, und sie steht mit den Gebetswindmühlen in Tibet oder mit dem Hinauf- und Herabkriechen auf der Pilatustreppe – dem sich auch Luther in den Tagen seiner Dunkelheit unterzog – auf gleicher Stufe. Ich kann keine Verbindung sehen, die zwischen der Besprengung oder dem Untertauchen und der Wiedergeburt besteht, sodass das eine ohne den Glauben notwendig an das andere gebunden ist. Wenn Gott es so geboten hätte, könnten im Vertrauen darauf Wunder gewirkt werden; wie aber können ohne Glauben oder selbst ohne Bewusstsein, wie in dem Fall der Säuglinge, geistliche Segnungen mit dem Besprengen von Wasser verbunden werden?

Aber als kräftigeres Argument fällt mir auf, dass dieses Dogma nicht durch Tatsachen gestützt wird. Sind alle getauften Personen Kinder Gottes? Nun, wir wollen uns die göttliche Familie ansehen. Lasst uns auf ihre Ähnlichkeit mit ihrem Vater achten! Bin ich unehrlich, wenn ich sage, dass sich etliche von denen, welche im Säuglingsalter getauft wurden, jetzt in unseren Gefängnissen befinden? Ihr könnt das, wenn ihr wollt, feststellen, indem ihr euch an die Gefängnisbehörden wendet.

Glaubt ihr, dass diese Menschen, von denen viele von Raub, Diebstahl, Betrug und anderen Verbrechen gelebt haben, wiedergeboren sind? Wenn es so ist, dann bewahre uns Gott vor einer solchen Wiedergeburt. Sind diese Elenden Glieder Christi? Wenn ja, dann hat sich Christus seit der Zeit, als Er heilig, unbefleckt und von den Sündern abgesondert war, schmerzlich verändert. Hat Er wirklich getaufte Trunkenbolde und Huren zu Gliedern Seines Leibes gemacht? Lehnt ihr euch gegen eine solche Annahme nicht auf?

Es ist eine wohlbekannte Tatsache, dass getaufte Personen hingerichtet worden sind. Gewiss, es kann kaum richtig sein, Erben des Himmels hinzurichten! Welche verabscheuungswürdige Farce ist das am offenen Grab, wenn »ein lieber Bruder«, welcher im trunkenen Zustand gestorben ist, in einer »sicheren und gewissen Hoffnung der Auferstehung zum ewigen Leben« begraben wird! Hier ist ein »wiedergeborener Bruder«, welcher, nachdem er seinen Wohnort durch seine beständige Unreinigkeit und Trunksucht verunreinigt hat, ohne ein Zeichen der Buße stirbt, in »einer sicheren und gewissen Hoffnung der Auferstehung zum ewigen Leben« mit allen Ehren in die Erde versenkt wird, die man ungetauften Unschuldigen verweigert.

Glauben wir, die wir auf das Bekenntnis des Glaubens hin durch Untertauchen taufen – eine Weise, die für korrekt, wenn auch von etlichen zu ihrer Gültigkeit nicht für absolut notwendig gehalten wird –, finden wir, die wir wie andere im Namen des Vaters, des Sohnes und des Heiligen Geistes taufen, dass die Taufe zur Wiedergeburt führt?

Nein! Weder bei den Gerechten noch bei den Gottlosen finden wir, dass durch Taufe Wiedergeburt gewirkt wird. Wir sind nie mit einem Gläubigen zusammengetroffen, der, wie gut er auch in göttlichen Dingen unterrichtet sein mochte, seine Wiedergeburt auf seine Taufe zurückführen konnte, und andererseits bekennen wir mit Schmerz, aber ohne Erstaunen, dass wir solche gesehen haben, die wir selbst nach apostolischem Vorbild getauft haben, die aber zur Welt zurückgegangen sind und sich in den hässlichsten Sünden verirrt haben, und ihre Taufe ist kaum eine Schranke für sie gewesen, weil sie nicht an den Herrn Jesus Christus glaubten.

Alle Tatsachen zeigen, dass, was immer auch Gutes in der Taufe liegen mag, sie gewiss einen Menschen nicht zu »einem Glied Christi, zu einem Kind Gottes oder zu einem Erben des Himmelreiches« macht; sonst wären viele Diebe, Huren, Trunkenbolde, Ehebrecher und Mörder Glieder Christi, Kinder Gottes und Erben des Himmelreiches. Tatsachen, Brüder, sprechen wider die päpstliche Lehre, und Tatsachen sind unbeugsame Dinge, die sich nicht bestreiten lassen.

Doch weiter bin ich davon überzeugt, dass es überhaupt nicht wahrscheinlich ist, dass die im Gebetbuch als Taufe bezeichnete Handlung Wiedergeburt wirkt und rettet. Wenn man von einem Vorgang hört, durch welchen Menschen zu Gliedern Christi, Kindern Gottes und Erben des Himmels werden, ist man gespannt zu wissen, wie das geschieht.

Wir wollen annehmen, dass wir eine Anzahl Menschen um das Wasser her versammelt sehen und dass der Prozess der Wiedergeburt nun vor sich gehen soll. Wir wollen annehmen, dass sie alle gottesfürchtige Leute sind. Der amtierende Pfarrer glaubt an den Herrn Jesus, Vater und Mutter sind exemplarische Christen und die Paten und Patinnen sind gläubige Leute. Es ist eine von Liebe diktierte Annahme, aber sie mag korrekt sein. Was wird von diesen lieben Leuten erwartet, das sie sagen sollen? Lasst uns auf das Gebetbuch achten. Der Pfarrer hat zu diesen Leuten zu sagen: »Ihr habt auch gehört, dass unser Herr Jesus Christus in Seinem Evangelium versprochen hat, alles das zu gewähren, um das ihr gebetet habt, und sein Versprechen wird Er seinerseits aufs gewisseste halten und erfüllen. Nachdem nun Christus dieses Versprechen gegeben hat, muss darum auch dieses Kind seinerseits durch Euch, die Ihr seine Bürgen seid, getreulich versprechen (bis es alt genug ist, um es selber tun zu können), dass es dem Teufel und allen seinen Werken entsagen, beständig Gottes heiliges Wort glauben und gehorsam Seine Gebote halten will.« Dieses kleine Kind hat zu versprechen, dass es das tun will, oder richtiger: Andere haben es zu übernehmen, das zu versprechen und selbst zu geloben, dass es das tun soll.

Aber wir dürfen das Zitat nicht unterbrechen, und darum lasst uns zu dem Buch zurückkehren. »Ich fordere dich deshalb auf, entsage du im Namen dieses

Kindes dem Teufel und allen seinen Werken, dem eitlen Pomp und der Herrlichkeit der Welt mit allen lüsternen Wünschen derselben und den fleischlichen Begierden, sodass du dem nicht folgest, noch dich davon leiten lässest.« Antwort: »Ich entsage dem allen.« Das heißt, auf den Namen und für dieses zarte Kind, das eben getauft werden soll, entsagen diese gläubigen Leute, diese erleuchteten Christen, die es besser wissen, die keine Betrogenen sind, die wohl wissen, dass sie Unmöglichkeiten versprechen – sie entsagen an Stelle dieses Kindes dem, welchem für sich selbst zu entsagen sie so sehr schwer finden – sie entsagen »allen lüsternen Wünschen der Welt und den sinnlichen Begierden des Fleisches, sodass sie denselben nicht folgen, noch sich von ihnen leiten lassen«. Wie können sie ihre Angesichter so verhärten, dass sie vor dem allmächtigen Vater solch falsches Versprechen geben? Dann bekennen sie vor dem Himmel an Stelle dieses Kindes, dass es standhaft das Glaubensbekenntnis glauben werde, während sie wissen oder leicht beurteilen können, dass das kleine Geschöpf an nichts fest glaubt. Beachtet: Sie sagen nicht nur, dass der Säugling das Glaubensbekenntnis glauben wird, sondern sie behaupten, dass er das tut, denn sie antworten im Namen des Kindes: »Alles dieses glaube ich fest.« Nicht wir glauben fest, sondern ich, das kleine Baby, das keines ihrer Glaubensbekenntnisse kennt. In Beantwortung der Frage: »Willst du in diesem Glauben getauft werden?«, antworten sie für das Kind: »Das ist mein Wunsch.« Gewiss hat das Kind in dieser Sache keinen Wunsch, oder wenigstens ist niemand autorisiert worden, an seiner Stelle irgendwelche Wünsche zu äußern.

Aber dies ist noch nicht alles, denn dazu versprechen diese gottesfürchtigen, verständigen Leute an Stelle des Säuglings, dass »er den heiligen Willen Gottes und alle Seine Gebote gehorsam halten und sein ganzes Leben hindurch darin wandeln werde«. Nun frage ich euch, die ihr wisst, was wahrer Glaube bedeutet, könnt ihr selbst in sämtlichen heiligen Geboten Gottes wandeln? Wagt ihr es heute, eurerseits ein Gelübde abzulegen, dass ihr dem Teufel und allen seinen Werken, dem Gepränge und den Eitelkeiten dieser bösen Welt und allen sündlichen Lüsten des Fleisches entsagt? Wagt ihr es vor Gott, ein solches Versprechen zu geben? Ihr wünscht solche Heiligkeit, ihr ringt ernstlich darum, aber ihr ersehnt sie von Gottes Verheißungen und erwartet sie nicht von euren Gelübden. Wenn ihr es wagt, solche Versprechungen zu geben, so bezweifle ich, dass ihr eure eigenen Herzen und den geistlichen Sinn des Gesetzes Gottes richtig kennen gelernt habt. Aber selbst, wenn ihr dies für euch tun könntet, würdet ihr es wagen, für irgend eine andere Person – und wäre es der bestgeborene Säugling auf Erden – solches Versprechen zu geben?

Brüder, was sagt ihr? Habt ihr keine bündige Antwort bereit? Ich kann verstehen, dass ein einfältiger, unwissender, ungelehrter Mensch dies alles auf die Forderung eines Priesters hin tut; aber ich kann nicht verstehen, wie gottesfürchtige, verständige Leute am Taufstein stehen und den so gnädigen Vater mit Gelübden beleidigen können, die nach einer Erdichtung zusammengestellt wurden und praktisch Falschheit beinhalten. Wie dürfen verständige Gläubige es wagen, Worte zu sprechen, von denen sie in ihren Gewissen überzeugt sind, dass sie sich weit von der Wahrheit entfernen? Selbst wenn ich imstande sein sollte, den Prozess zu verstehen, durch welchen gottesfürchtige Menschen ihre Gewissen mit solchem Tun in Übereinstimmung bringen können, selbst dann werde ich den festen Glauben haben, dass der Gott der Wahrheit niemals einen geistlichen Segen höchster Art mit dem Hersagen solcher falschen Versprechungen und unwahren Gelübde in Verbindung bringen könnte und dass Er es niemals tun wird. Meine Brüder, fällt es euch nicht auf, dass solche unehrlichen Erklärungen nicht mit einer neuen Geburt verbunden sein können, die von dem Geist der Wahrheit gewirkt wird?

Ich bin mit diesem Punkt noch nicht ganz fertig, denn ich muss einen anderen Fall annehmen und voraussetzen: Dass Paten und Patinnen gottlos sind, und das ist keine harte Voraussetzung, da wir in vielen Fällen wissen, dass Paten und Eltern nicht mehr über den Glauben nachdenken als der abgöttisch geheiligte Stein, um den sie sich versammeln. Was sind diese Sünder zu sagen bereit, wenn sie ihren Platz eingenommen haben? Nun, sie sind bereit, die ernsten Gelübde abzulegen, die ich bereits erwähnt habe. Total ungläubig, wie sie sind, versprechen sie dennoch für den Säugling, was sie selber niemals getan und worüber sie nie nachgedacht haben. Sie versprechen an Stelle dieses Kindes, »dass es dem Teufel und allen seinen Werken entsagt und beständig Gottes heiliges

Wort glauben und gehorsam seine Gebote halten werde«.

Meine Brüder, denkt nicht, dass ich hier hart spreche. Ich denke wirklich, dass hier etwas ist, dass den Dämonen Anlass zum Gespött gibt. Jeder ehrliche Mensch sollte es beklagen, dass Christen so etwas dulden und dass es gläubige Leute gibt, die sich schmerzlich getroffen fühlen, dass ich in aller Freundlichkeit des Herzens die Abscheulichkeit strafe.

Unwiedergeborene Sünder versprechen für einen armen Säugling, dass er alle heiligen Gebote Gottes halten werde, die sie selbst tagtäglich in ausgelassener Weise brechen! Dies kann nur die Langmut Gottes ertragen. Und man sollte nicht dagegen sprechen? Die Steine auf der Straße könnten sich über solche Niedertracht gottloser Männer und Frauen beklagen, welche versprechen, dass ein anderer dem Teufel und allen seinen Werken entsagt, während sie selber dem Teufel dienen und seine Werke mit wahrer Begierde tun. Und der Höhepunkt von dem allen ist, dass ich glauben soll, dass Gott das gottlose Versprechen annimmt und infolgedessen das Kind wiedergeboren wird. Ihr könnt an eine Wiedergeburt durch diese ›Operation‹ nicht glauben, egal ob die Paten Heilige oder Sünder sind. Wenn sie Gläubige sind, so tun sie unrecht, indem sie tun, was ihr Gewissen verdammen muss; wenn sie Gottlose sind, so tun sie unrecht, wenn sie etwas versprechen, von dem sie wissen, dass sie es nicht halten können, und in keinem Fall kann Gott solchen Dienst annehmen, noch viel weniger die Wiedergeburt unfehlbar an eine solche Taufe knüpfen.

Aber ihr werdet sagen: »Warum protestieren Sie denn so dagegen?« Ich protestiere dagegen, weil ich glaube, dass die Taufe die Seele nicht rettet, und weil die Predigt dieser Lehre einen verkehrten und bösen Einfluss auf Menschen ausübt.

Wir treffen mit Personen zusammen, welche, wenn wir ihnen sagen, dass sie wiedergeboren werden müssen, uns versichern, dass das schon in ihrer Taufe geschehen sei. Wie kann jemand auf seiner Kanzel stehen und zu seiner Versammlung sagen: »Ihr müsst von neuem geboren werden«, wenn er ihnen bereits die Versicherung gegeben hat, dass jeder einzelne von ihnen bereits in der Taufe wiedergeboren wurde? Was kann er mit ihnen tun?

Nun, meine lieben Freunde, das Evangelium hat dann keine Stimme mehr, es kann nicht sprechen, um ihre Sünde zu strafen.

Der Mensch, der getauft oder besprengt ist, sagt: »Ich bin gerettet, ich bin ein Glied Christi, ein Kind Gottes und ein Erbe des Himmels. Wer bist du, der du mich tadelst? Mich zur Buße rufen? Mich zu einem neuen Leben auffordern? Welch besseres Leben kann ich denn haben? Denn ich bin ein Glied Christi – ein Teil Seines Leibes. Wie, mich warnen? Ich bin ein Kind Gottes. Können Sie mir das nicht vom Gesicht ablesen? Egal, wie mein Leben und Wandel ist, ich bin ein Kind Gottes. Ich bin ein Erbe des Himmelreiches. Es ist wahr, ich saufe und fluche und dergleichen mehr; aber wissen Sie, ich bin ein Erbe des Himmelreiches, denn obwohl ich beständig in Sünden lebe, werden Sie mich doch, nachdem ich gestorben bin, beerdigen und es jedem sagen, dass ich in der sicheren und gewissen Hoffnung der Auferstehung zum ewigen Leben gestorben bin.«

Wie kann nun der Einfluss einer solchen Predigt auf unser Land sein? Wenn ich mein Land nicht liebte, sondern mich selbst am meisten liebte, könnte ich still sein; weil ich es aber liebe, kann und darf ich nicht schweigen, und da ich bald Rechenschaft vor meinem Gott abzulegen habe, dessen Knecht ich zu sein hoffe, muss ich mich sowohl von diesem wie von jedem anderen Übel frei machen, sonst könnte das Blut der Seelen über mein Haupt kommen.

Wir brauchen wieder einen Luther, der den Menschen in nicht misszuverstehenden und bekannten Ausdrücken die Wahrheit sagt. In letzter Zeit hat sich der Samt um den Mund vieler Prediger gelegt; aber wir müssen die weiche Kleidung ablegen und es muss die Wahrheit und nichts als die Wahrheit gesprochen werden; denn von allen Lügen, durch welche Millionen zur Hölle geschleppt wurden, betrachte ich diese als eine der schrecklichsten: dass es in einer protestantischen Kirche Leute gibt, welche darauf schwören, dass die Taufe die Seele errettet. Ihr mögt jemand einen Baptisten oder einen Presbyterianer oder einen Dissidenten oder einen Kirchenmann nennen – das ist mir einerlei –, wenn er sagt, dass die Taufe die Seele vor der Verdammnis rettet, so stellt er auf, was Gott nie gelehrt hat, was die Bibel nie aufgestellt hat und was nie behauptet werden sollte von Menschen, die da bekennen, dass die Bibel und die ganze Bibel der Glaubensgrund der Protestanten ist.

So viel habe ich gesagt, und es werden einige hier sein, die sagen, dass ich das alles bitter gesagt habe. Sei es so. Medizin ist oft bitter, aber sie wird gut wirken, aber der Arzt ist nicht bitter, weil die Medizin es ist, oder wenn er so gesehen wird, so tut das nichts zur Sache, wenn nur der Patient geheilt wird. Jedenfalls geht es den Patienten wenig an, ob der Arzt bitter ist oder nicht, er hat sich um die Gesundheit seiner Seele zu kümmern. Hier ist die Wahrheit, und ich habe sie euch gesagt, und wenn jemand unter euch oder unter denen sein sollte, welche die Predigt lesen werden, wenn sie gedruckt ist, der sich auf die Predigt oder auf irgendwelche Zeremonien verlässt, so bitte ich euch, schüttelt diesen giftigen Glauben ab ins Feuer, wie Paulus die Natter abschüttelte, die sich an seiner Hand festgebissen hatte.

Ich bitte euch, verlasst euch nicht auf die Taufe! Ich bitte euch dringend, zu bedenken, dass ihr ein neues Herz und einen neuen Geist haben müsst, und dieses kann euch die Taufe nicht geben. Ihr müsst euch von euren Sünden bekehren und Christus nachfolgen, ihr müsst einen solchen Glauben haben, der euer Leben heilig und eure Sprache rein macht, sonst habt ihr den Glauben der Erwählten Gottes nicht und werdet nie in Gottes Reich eingehen.

Ich bitte euch, stützt euch nicht auf diesen elenden und faulen Grund, auf diese betrügerische Erfindung des Antichristen. Möge Gott euch davon erretten und euch dahin bringen, dass ihr den rechten Felsen der Zuflucht für müde Seelen sucht. Amen.

Eine Ansprache für traurige Zeiten

»Wenn mein Herz verschmachtet, du wirst mich auf einen Felsen leiten, der mir zu hoch ist.«

Psalm 61,2

Davids Gebet ist sehr weise und angemessen. Er steht unter großem Druck und bittet darum, dass es ihm gegeben wird, sich darüber erheben zu können. Er hat großen Glauben, und darum ist er gewiss, dass es eine sichere Zuflucht für ihn gibt. Er ist sich großer Schwäche bewusst, denn er spricht nicht davon, dass er selber den Felsen der Sicherheit erklimmen will, sondern fleht um göttliche Leitung, damit er dorthin kann. Sein Gebet passt für Menschen, wie wir es sind, die wir da wohnen, wo die Trübsalswogen hoch gehen.

Das Herz kann von verschiedenen Mächten überwältigt werden. Es kann durch Schuldgefühle geschehen. Sorglosigkeit und Gleichgültigkeit verschwinden, wenn der Heilige Geist die Überzeugung von der Sünde im Gewissen wirkt, die Gerechtigkeit Gottes offenbart und einen Menschen zu der Erkenntnis bringt, dass er sich in der Gefahr des zukünftigen Zorns befindet; dann wird Herz und Fleisch matt, der Mut und die Hoffnung verlieren sich, und der Mensch verschmachtet. Eine solche Zeit ist geeignet zu beten: »Du wirst mich auf einen Felsen leiten, der mir zu hoch ist.« Welche Sicherheit genießt du, wenn du in der Kluft des Felsens der Ewigkeiten Zuflucht finden kannst! Der Fels des Sühneopfers erhebt sich höher als deine Sünde und auf ihm ist auch der Schuldigste über die schäumenden Wogen der Rache weit erhoben. Von göttlicher Hand geführt, um den großen Erlöser und Stellvertreter umschlingen zu können, ist auch die schiffbrüchige Seele sicher gelandet und kann singen, weil sie dem Tod entgangen ist.

Obwohl die an Jesus Glaubenden vor dem göttlichen Zorn völlig sicher sind, können sie dennoch von Trübsalen überwältigt werden. Sie sollten es nicht, denn wenn ihr Glaube tätig wäre, wie er es sein sollte, würde sie keine Furcht ergreifen, aber wegen der Schwachheit des Fleisches und auch wegen der innewohnenden Sünde bricht der Unglaube wie eine Flut herein und überschwemmt das ängstliche Herz. Manchmal rollen auch wie ungeheuere atlantische Wogen die Prüfungen des Lebens daher und schlagen gegen unsere armselige Barke, dass wir hin und her schwanken und wie ein Betrunkener wanken. Das leckgewordene Schiff füllt sich mit Wasser und gehorcht dem Steuer der Vernunft nicht mehr. Es lässt sich von der Strömung treiben, wohin diese will, und der Schiffbruch scheint bevorzustehen. Dann ist es gut, wenn der Christ ruft: »Du wirst mich auf einen Felsen leiten, der mir zu hoch ist«, denn wenn auch bei einem natürlichen Sturm ein Felsen vermieden werden muss, gibt es in unseren geistlichen Stürmen doch einen hohen Felsen, zu dem wir uns als Zuflucht und Hafen flüchten müssen. Wahrlich, dieser Felsen ist höher, als wir es sind, und gerade seine Höhe ist unser Trost. Gott, der unendlich Hohe und Herrliche, wird nicht beunruhigt noch verzagt. Seine Absichten sind viel höher als unsere Blicke, und sie sind auch weit über die Wirkung des Bösen erhaben. Deshalb lassen wir im Vertrauen auf Gott den Sturm weit unter uns und lächeln über den Tumult dort unten.

Meinem Herzen, meine Brüder, kommen die bedrückenden Gedanken nicht von meiner persönlichen Sünde, denn ich weiß, dass sie vergeben ist, noch von weltlichen Trübsalen, da ich weiß, dass mir alle Dinge zum Besten dienen. Aber ich bin wegen dem gegenwärtigen Zustand der Gemeinde Gottes tief bekümmert. Männer, die von Gott berufen sind, für Seine Herde zu sorgen, fühlen sich niedergeworfen, wenn die Zeichen der Zeit dunkel und drohend sind. Mose trug in der Wüste das ganze Volk Israel auf seinem Herzen, und zuweilen waren sie ihm eine wahre Last, und so trägt jeder rechte Prediger die Gemeinde auf seinem Herzen und fühlt sich oft sehr beladen. Gegenwärtig kann ich schmerzerfüllt mit Jeremia ausrufen: »Es tobt in mir mein Herz! Ich kann nicht schweigen!« (Jer. 4,19)

Es ist erschütternd für mich, die zunehmende Verweltlichung der Gemeinde sehen zu müssen. Viele bekennende Christen – der Herr allein weiß, ob sie wahre Gläubige sind oder nicht – geben uns Ursache zu Befürchtungen. Wir sehen, wie Dinge geduldet werden, die ihre Väter nie geduldet hätten. Mein Blut erstarrt mir in meinen Adern, wenn ich daran denke, wie sehr manche Bekenner irre gehen. Es stehen Familien mit unseren Gemeinden in Verbindung, in denen keine Hausandachten gehalten werden, wo aber luxuriöses Essen und Trinken und sonstige Extravaganzen an der Tagesordnung sind. Ich bin selbst nicht fern von dem Verdacht, dass sich unter den Bekennern eine beträchtliche Anzahl befindet, die das Theater besucht, sich am Kartenspiel beteiligt, leichte und törichte Lektüre liest und doch zum Tisch des Herrn kommt. Wenn diese sich von der Welt unterscheiden, so ist es schwer zu sehen, wie oder wo das der Fall ist. Weder in ihrer Kleidung, noch in ihrer Sprache, noch in der Art ihres geschäftlichen Lebens, noch in ihren Gewohnheiten daheim unterscheiden sie sich von den Unbekehrten.

Ist das nicht ein großes Übel unter der Sonne? Wenn die Gemeinde auf das Niveau der Welt hinabsinkt, dann ist ihre Kraft dahin. Doch wir können dieses verdächtige Unkraut nicht ausjäten, weil wir fürchten, den Weizen mit auszureißen. Wenn falsche Bekenner offener in ihrem Verhalten wären, würden wir sie erkennen, aber ihre Übel sind geheim, und darum müssen wir sie mit dem Weizen zusammen wachsen lassen. Doch manchmal geht der bekümmerte Landmann zu dem großen Eigentümer und ruft: »Herr, hast Du nicht guten Samen auf den Acker gesät? Woher hat er denn das Unkraut?« Die Antwort lautet: »Das hat der Feind getan«, und wir werden niedergeschlagen, weil wir fürchten, dass wir dem Feind durch unsere Schläfrigkeit dazu Gelegenheit gegeben haben.

Ich schaue wieder aus und sehe, wie eine Anzahl Bekenner abfällt. Viele Personen, die auf dem Lande Mitglieder von Gemeinden waren, fallen ab, wenn sie in diese große Stadt kommen. Sie übernehmen die

Gewohnheiten ihrer Nächsten und behandeln die Gottesdienste am Tag des Herrn, als ob es in ihrem freien Willen stünde, damit zu tun, wie es ihnen gefällt. Und wenn sie zum Gottesdienst gehen, dann laufen sie hierhin und dorthin und vergessen die Pflichten der christlichen Gemeinschaft. Andere sind damit zufrieden, berühmte Prediger zu hören, nicht weil sie das Evangelium predigen, sondern weil sie als vorzügliche Männer bekannt sind. Einst wurden Prediger wegen ihrer gesunden Lehre, Salbung und Erfahrung geschätzt, jetzt aber sucht man Männer, die populär und geistreich sind.

Manche, die sich Christen nennen, verlangen schönen Gesang und gute Musik. Wenn sie diese Befriedigung suchen, warum geben sie sich dann nicht damit zufrieden, ein Wochenkonzert an einem geeigneten Ort zu besuchen? Gottes Haus ist nie dazu bestimmt gewesen, in eine Halle umgewandelt zu werden, wo Musikgruppen miteinander wetteifern, um den Ohren der Menschen zu gefallen. Nicht wenige wählen ihre Kirche, weil sie ein imposantes Bauwerk ist und die Versammlung sich aus respektablen Leuten zusammensetzt. Mögen sie doch, wenn sie nur Gesellschaft suchen, dahin gehen, wo sich die Elite der Gesellschaft zusammenfindet und sich selbst auswählt. Doch bei der Anbetung Gottes begegnen Reiche und Arme einander; der Herr hat sie alle gemacht. Es ist ein schlimmes Zeichen, wenn in unserer Zeit Gottes arme Heilige verachtet werden. Wenn Geschäftsleute etwas Geld erspart haben, werden sie zu groß für die Versammlung, in welcher sie sich einst zu Hause fühlten, und müssen unbedingt Mitglied einer vornehmeren Kirche werden. Diese Dinge machen mir auch viel Kummer, nicht weil es in einzelnen Fällen auch Glieder meiner Gemeinde trifft, sondern weil der Umstand vielen auffällt.

Ebenso schmerzlich wird mein Herz berührt, wenn ich die Verbreitung des Aberglaubens wahrnehmen muss. Ihr könnt kaum eine Straße hinabgehen, ohne eine sogenannte Episkopalkirche anzutreffen, wo »Priester« – so nennen sie sich selbst – törichte Frauen zur Beichte locken und sie mit Messen und Prozessionen zu amüsieren suchen. Eitle Betrüger! Geistliche einer anerkannten protestantischen Kirche gehen eifrig darauf aus, dem Protestantismus das Leben zu nehmen. Es gibt Narren genug, die an diese Priester glauben und sich vor ihren Kruzifixen und Kreuzstationen und dergleichen beugen, und die Gräuel verbreiten sich offensichtlich wie der Sauerteig im Mehl. Gott allein weiß, wo unser Land hinsteuert, und wer sein Land liebt, fühlt, wie er von solchen Dingen überwältigt wird.

Doch halte ich dies nicht für das schlimmste Zeichen der Zeit. Rings um uns her wächst das böse Unkraut der »neuen Ideen« auf, das nichts anderes ist als ein Unglaube, der zu feige ist, seinen eigenen Namen zu tragen. Es gibt Prediger auf christlichen Kanzeln, welche die Autorität verschiedener Bücher der Bibel leugnen und die wörtliche Inspiration ganz verwerfen. Es gibt nicht eine Lehre des Evangeliums, welche nicht von dem einen oder anderen »Denker« geleugnet würde, und selbst die Existenz eines persönlichen

Gottes wird als ein strittiger Punkt betrachtet. Doch die Gemeinden dulden sie und gestatten ihnen, die Kanzeln zu betreten, die einst von gottseligen Predigern Christi besetzt waren. Nachdem sie den Glauben verleugnet und so gut sie es nur vermochten, ihre Dolche in das Herz der wichtigsten Lehren gebohrt haben, beanspruchen sie noch, Prediger des Evangeliums zu sein, und dabei wünschen sie, Glaubensbekenntnisse und Glaubensartikel abzuschaffen, weil diese beständige Zeugen wider ihre Schurkenstreiche sind. Ich würde mich nicht darum kümmern, was aus dem Kehricht werden mag, wenn nur die Gemeinden von dem Irrtum errettet würden. Ich sehe diesen Sauerteig des Unglaubens nach allen Richtungen hin wirken und viele sind in dem einen oder anderen Punkt angesteckt. Er frisst sich wie ein Krebs in die Seele der Gemeinden ein. Gott erlöse uns davon!

Es ist schwer zu sagen, was geschehen soll, weil niemand seinen Nächsten verdächtigen möchte, und doch scheint eine Pest in der Luft zu liegen, sodass sie auch in die bestbehüteten Kammern eindringt. Wir hören bald von dem einen, bald von dem anderen, dass er seltsame Ideen erörtert, und die, welche man für Säulen hielt, werden plötzlich rollende Steine. Wer wird demnächst abgehen? Und was wird sich dann ereignen? Inmitten dieser Verwirrung droht unser Herz zu verzagen. Ist keine Ursache dazu vorhanden? Es ist nicht unser eigenes Haus, nicht unser Vermögen, nicht. unsere leibliche Gesundheit, welche in Gefahr ist; wenn das wäre, würden wir uns stillschweigend beugen und es tragen. Nein, es ist die Haushaltung Gottes, das

Reich Christi, es ist die Gemeinde Gottes auf Erden, welche so leidet, und wohl mögen die, welche den Herrn und Seinen Christus und Seine Wahrheit lieben, um die Lade zittern und eine heilige Eifersucht in sich brennen fühlen. Zu einer solchen Zeit ist das Gebet Davids unschätzbar: »Du wirst mich auf einen Felsen leiten, der mir zu hoch ist.« Lasst uns sehen, wie diese Bitte der Lage entspricht.

Zuerst wollen wir uns dessen erinnern, dass Gott lebt. Herrlicher Gedanke! »Der Herr ist König ewiglich; des freue sich das Erdreich!« Er führt Seine Pläne aus und setzt Seinen Willen durch. Es wäre sehr kindisch, wenn wir für den Mond fürchten wollten, weil, während er in seinem Glanz dahinzieht, die Hunde ihn anbellen. Es wäre absurd, für die ewigen Berge zu fürchten, weil der Wind deren Granitspitzen umweht, und es wäre ebenso töricht, für die Wahrheit Gottes zu zittern. Feste Dinge werden bestehen, und die nicht bestehen können, mögen fallen. Gott lebt, und alles, was von Gott ist, bleibt in Ewigkeit. Auf diesem Felsen lasst uns ruhen.

Auch wollen wir uns daran erinnern, dass Gottes Wahrheit dieselbe ist. Es tut nichts, ob fünfzigtausend oder nur fünf oder nur einer sie zu seiner Sache macht. Die Wahrheit herrscht nicht durch die Wahlurne oder durch die Berechnung der Köpfe; sie bleibt ewiglich. Alle Zungen der Menschen und Engel können die Wahrheit nicht wahrer machen, und alles Heulen der Teufel und Zweifler kann sie nicht in eine Lüge umwandeln. Gott sei Preis und Ehre dafür! Jesus Christus ist derselbe gestern, heute und in Ewigkeit. Die ewigen Wahrheiten sind erhaben über ihren Leugnern, denn diese sind wie Spreu, die der Wind verweht. »Wo sind die Klugen? Wo sind die Schriftgelehrten? Wo sind die Weisen dieser Welt? Hat nicht Gott die Weisheit dieser Welt zur Torheit gemacht?«

Ein anderer Fels kann uns auch Schutz gewähren, nämlich die hohe Lehre, dass der Herr die Seinen erretten wird. Die viel verachtete Wahrheit von der Erwählung steht für uns in unruhiger Zeit fest. Wir seufzen und schreien, weil so viele die Götter dieser Zeit anbeten, aber der Herr antwortet: »Ich habe mir übriggelassen siebentausend Mann, welche dem Baal das Knie nicht gebeugt haben. Also ist nun auch in der jetzigen Zeit ein Überrest nach Wahl der Gnade.« Die Worte des Apostels sind jetzt wahr: »Die Auserwählten haben es erlangt, die übrigen aber sind verstockt worden, wie geschrieben steht: Gott hat ihnen einen Geist der Schlafsucht gegeben, Augen, um nicht zu sehen, und Ohren, um nicht zu hören, bis auf den heutigen Tag.« Ich beuge mich vor der erhabenen Souveränität Gottes und das Geschrei der Leute dringt nicht in meine Ohren. Der Rat des Herrn besteht und Er tut alles, was Ihm wohlgefällt. Von dem sühnenden Blut soll kein Tropfen vergeblich geflossen sein, keine Zeile des ewigen Bundes wird durchgestrichen, und kein Beschluss des Ewigen wird zurückgezogen werden. Das ärgert den Widersacher, aber während die Heiden toben und die Leute Eitles ersinnen, finden wir in dieser göttlichen Wahrheit unseren Trost.

Ein Felsen, der zu hoch für mich ist, kann mir nicht nur zum Schutz, sondern auch zur Erhebung dienen.

Wenn du einen hohen Platz einnimmst, kannst du, selbst wenn du ein Zwerg wärst, weiter sehen als der größte Mensch, der unten steht. Wenn wir nun auf dem hohen Felsen des Wortes Gottes stehen, was sehen wir da? Reinigt eure Augen von Zweifel und Staub und schaut. Vergesst einen Augenblick die Gegenwart und seht durch das Teleskop des Glaubens. Was sehen wir?

Wir sehen, wie die Systeme des Irrtums zerbrökkeln und der Aberglaube den Maulwürfen und Fledermäusen zum Raube wird, wie die Wolken sich zerteilen, die Finsternis der Nacht verschwindet und die Tiere sich in ihre Höhlen zurückziehen, weil die Sonne der Gerechtigkeit aufgeht mit Heil unter ihren Flügeln. Der Tag des Triumphes der Wahrheit muss anbrechen.

Wenn dies vor der Wiederkunft unseres Herrn nicht geschieht, so wird es zur Verwirrung Seiner Widersacher und zur Wonne Seiner Heiligen danach geschehen und es wird »einen neuen Himmel und eine neue Erde geben, in denen Gerechtigkeit wohnt«. Wenn diese alte Erde die Wahrheit noch verwerfen und der alte Himmel noch auf eine Herrschaft des Irrtums herabsehen muss, so werden sie doch vom Feuer verzehrt werden und auf dieser Erde, auf welcher wir stehen, wird, nachdem sie erneuert und gereinigt ist, ein so herrlicher und schrecklicher Thron errichtet werden, wie das Kreuz Christi schimpflich und schmachvoll war. Das Blut Jesu ist auf diese Erde getropft und hat die Garantie für ihre Erlösung von dem Fluch übernommen, und eines Tages wird unser Herr, nachdem Er die unterworfene Kreatur freigemacht hat, hier wohnen und in Herrlichkeit herrschen.

Wir sind imstande zu warten, denn die Ewigkeit ist für uns. Wir können es ertragen mitanzusehen, dass die Reihen der Armee des Herrn eine Weile zurückgedrängt werden. Wir können es mitansehen, dass das Banner von rauen Winden hin und her bewegt wird. Wir können selbst das »Aha!« der Philister mitanhören, denn wenn der Fürst kommt, werden sie Seinen Namen und die Macht Seiner Stärke erkennen. Wenn sie sich Ihm hier nicht ergeben und Sein silbernes Liebeszepter nicht küssen wollen, so werden sie sich beugen müssen, wenn sie sehen, dass Sein eisernes Zepter sie wie ein Tongefäß zerschlägt. Es kommt alles darauf an zu wissen, dass wir auf der Seite Gottes sind. Wenn ein Mensch weiß, dass sein Herz und seine Seele der Sache Gottes und Seiner Wahrheit ergeben ist, so ist er in einer uneinnehmbaren Festung verschanzt, und er wird in den ewigen Wahrheiten reiche Munition von dem wunderbaren Felsen finden.

Was haben wir denn nun zu tun? Wir haben allen Fleiß anzuwenden. Achtet darauf, denn wenn auch manche diese heilige Sorge als Selbstsucht bezeichnen mögen, so weiß unser Herr es doch am besten, und Er sagte Seinen Knechten, dass sie sich nicht so sehr über ihre Macht über den Teufel, sondern vielmehr darüber freuen sollten, dass ihre Namen im Himmel angeschrieben sind. Wacht über euer eigenes Herz und werft euer Vertrauen nicht weg.

Und dann steht in der Abhängigkeit von Gott und bemüht euch eifrig, das wenige zu tun, was ihr tun könnt. Tut es gut und tut es beharrlich. Wir sind nicht dazu berufen, die Welt zu verbessern, noch das wütende Meer der menschlichen Sünde aufzuhalten. Lasst uns nicht versuchen, das göttliche Zepter zu schwingen; es steht uns nicht zu. Natürlich möchtet ihr gerne alle Menschen zurechtbringen und alle Prediger bibeltreu machen. Aber, mein Bruder, das geht über dein Vermögen hinaus. Sei darauf bedacht, in deinem eigenen Leben richtig zu stehen und sei entschlossen, von jeder Wahrheit, die du erkennst, ein vollständiges, ehrliches und gehorsames Zeugnis abzulegen und lass es dabei bewenden, denn du bist nicht verantwortlich für das, was über deine Möglichkeiten hinausgeht.

Keiner von uns ist viel mehr als eine Ameise auf ihrem kleinen Hügel. Wenn jene winzige Ameise sich in ernsten Erwägungen über Staatsgeschäfte erginge und dabei vergäße, die Arbeiten des Ameisenhaufens zu erledigen, so wäre sie ein törichtes Geschöpf. Wenn sie aber die großen Dinge anderen überlässt und ihre Arbeit als Ameise tut, füllt sie ihren kleinen Wirkungskreis aus und entspricht der Absicht ihres Schöpfers. Eine Mutter, die ihre Kleinen lehrt und alles tut, was sie kann, um sie in der Furcht Gottes zu erziehen; ein Prediger mit wenigen Menschen um sich her; eine Lehrerin mit ihrem Dutzend Kindern; eine stille christliche Frau in ihrem häuslichen Kreis, die ihr gottseliges Zeugnis ablegt; ein junger Mann, der zu anderen jungen Männern von Jesus spricht – es liegt in diesen Aufgabenbereichen nichts Ehrgeiziges, aber ein jeder handelt weise vor dem Herrn. Überlass die Zügel des

Universums den Händen seines Schöpfers und dann tue, was Er dir zu tun gegeben hat, in Seiner Furcht und durch Seinen Geist, und es wird mehr dazukommen, als du zu hoffen wagst.

Wir gleichen jenen Korallentierchen, von denen jedes in den verborgenen Tiefen sein kleines Teilchen an dem Aufbau des Korallenfelsens liefert. Wir können mit den mächtigen Schlachtschiffen, die den Ozean durchqueren, den Kampf nicht aufnehmen, und doch, wer weiß? – wir können bauen und bauen, bis ein Riff entsteht, an dem die stolzesten Seefahrer Schiffbruch erleiden werden. Durch den beständigen, einfachen und redlichen Aufbau der Heiligkeit und der Wahrheit können wir – ohne jemand herauszufordern oder anzugreifen – eine Situation schaffen, welche der prahlerischen List der Falschheit und der Zweifelsucht des Unglaubens äußerst gefährlich wird. Eine heilige, ernste Gemeinde ist eine große Zerstörerin des Aberglaubens und Unglaubens. Das Leben Gottes im Menschen, die Geduld im Leiden, das Ausharren im Wohltun, die Treue gegen die Wahrheit, das Gebet im Heiligen Geist, der Eifer um die Verherrlichung Gottes und der unerschütterliche Glaube an den Unsichtbaren – das sind unsere Streitäxte und Kriegswaffen, und durch die Hilfe des Heiligen Geistes werden wir den Sieg erringen, ehe der Tag zu Ende geht. Bis dahin führe uns, o Herr, wenn unser Herz verschmachtet, zu dem Felsen, der uns zu hoch ist. Amen.

clv

Jakob Kroeker
Allein mit dem Meister

CLV-Classic

192 Seiten
DM 12.80
ISBN 3-89397-384-2

Ein im Leben und Dienen Gebender kann man nur werden, wenn man zuvor ein Empfangender geworden ist.

Diesen biblischen Grundsatz für alle, die Gott dienen und ein Segen sein möchten, versucht der Autor bewusst und lieb zu machen. Und er zeigt auch, wieviel Frust, Enttäuschung und Entmutigung vermieden werden könnten, wenn die göttlichen Prinzipien beachtet würden.

Viele arbeiten mit Gott, aber es ist trotzdem Menschenwerk, weil sie Gott in ihr Wirken hineinzuziehen versuchen, statt darauf zu warten, dass der Geist Gottes den Menschen in das Wirken Gottes hineinzieht, damit geistliche Frucht entstehen kann.

Nur der persönliche Umgang mit Gott – »allein mit dem Meister« – kann dahin führen.